ÍNDICE

Introducción..9
  ¿Qué es un discípulo? **9**
  Cómo utilizar este libro **10**

CÓMO CONOCER AL REY...**13**
DIOS..**13**
  ¿Quién es Dios y a qué se parece? **13**
  ¿Qué significa llamar a Dios "Padre"? **16**
  ¿Quién es Jesús? **16**
  ¿Quién es el Espíritu Santo y qué hace? **17**
  ¿Qué son los dones del Espíritu? **19**
  ¿Cómo puedo descubrir mi(s) don(es)? **20**
  ¿Cómo puedo reconocer los dones falsos? **21**
  ¿Qué significa ser lleno del Espíritu Santo? **22**
  ¿Qué significa ser bautizado con el Espíritu? **22**
  ¿Cómo puede un Dios amoroso enviar
    personas al infierno? **23**
  ¿Puedo confiar y esperar que Dios haga algo por mí? **25**
  Libros sobre Dios **26**

LA ORACIÓN..**27**
  ¿Qué es la oración? **27**
  ¿Por qué debo orar? **27**
  ¿Qué son la acción de gracias, la alabanza y la adoración? **28**
  ¿Por qué debemos alabar a Dios?
    ¿Es él acaso un ególatra? **29**
  ¿Cuáles son los peligros presentes en la
    alabanza y cómo puedo evitarlos? **31**
  ¿Por qué debo confesarle a Dios mis pecados?
    ¿Es que no los conoce? **33**
  ¿Cómo debo confesar? **34**
  ¿Por qué he de pedir en oración si Dios sabe
    lo que necesito? **35**
  ¿Qué actitudes deben conformar mis peticiones? **36**
  ¿Por qué es necesario interceder? **40**
  ¿Cuándo y cómo debo interceder? **41**

ÍNDICE

¿En qué se diferencia la meditación cristiana de la meditación de las religiones orientales? **42**
¿Con qué frecuencia debo orar? **47**
¿Qué debo hacer si mi oración parece estéril? **47**
¿Qué debo hacer si me siento indigno para dirigirme a Dios? **48**
Libros sobre la oración **48**

CÓMO TENER MOMENTOS DE QUIETUD EFECTIVOS ... **50**
¿Qué es un momento de quietud? **50**
¿Qué debo hacer en mi momento de quietud? **50**
¿Qué si mi tiempo de quietud parece estéril? **53**
Libros sobre los momentos de quietud **54**

LA TENTACIÓN ... **55**
¿Tienta Dios a las personas para que pequen? **55**
¿Cómo puedo resistir la tentación de pecar? **55**

CÓMO DEPENDER DE DIOS ... **58**
¿Qué significa depender de Dios en mi vida diaria? **58**

CÓMO CONOCER LA FE ... **61**
¿QUÉ ES EL EVANGELIO? ... **61**

¿QUÉ HAY EN LA BIBLIA? ... **63**

CÓMO APROVECHAR AL MÁXIMO LA BIBLIA ... **73**
¿Por qué debo leer la Biblia? **73**
¿Cómo puedo saber que la Biblia es confiable? **73**
¿Qué debo recordar acerca de la Biblia cuando la leo? **74**
¿Cómo debo leer la Biblia? **75**
¿Cómo puedo estudiar la Biblia? **76**
¿Cómo puedo leerla devocionalmente? **80**
¿Qué ocurre si fracaso en el intento de aplicar una afirmación bíblica? **81**
¿Qué significa "reclamar" las promesas bíblicas? ¿Es válido hacerlo? **84**
¿Cómo puedo saber si alguien está utilizando mal la Biblia? **85**
Libros sobre el estudio de la Biblia **85**

LA VISIÓN DEL MUNDO ... **87**
¿Quién soy? **87**

Índice

¿Por qué estoy aquí? **89**
¿De dónde surgió el mundo? **90**
¿Qué hay más allá del mundo? **90**

CONCEPTOS CRISTIANOS IMPORTANTES 92
Arrepentimiento **92**
Bautismo **92**
Caída del hombre **92**
Conversión **93**
Culpa **93**
Expiación **93**
Fe **94**
Gracia **95**
Iglesia **96**
Inmortalidad **96**
Juicio **96**
Justicia **97**
Ley **97**
Libertad **98**
Muerte **98**
Pacto **99**
Pecado **100**
Predestinación **100**
Regeneración **101**
Reino de Dios **101**
Salvación **102**
Santificación **102**

LA SEGURIDAD 104
¿Cómo puedo estar seguro de mi salvación? **104**
¿Puedo saber si alguien más es salvo? **106**

LLAMADO PARA SER ENVIADO 107
LA EVANGELIZACIÓN: UN ESTILO DE VIDA 107
¿Qué es la evangelización? **107**
¿Cuáles son los riesgos de comprometerme con
  inconversos y cómo puedo tratar con ellos? **112**
Libros sobre la evangelización **114**

EL CUERPO DE CRISTO 115
LA COMUNIDAD CRISTIANA 115
¿Qué es la comunión? **115**

¿Cómo se relaciona la comunión con otros cristianos
con la comunión con Dios? **115**
¿Por qué necesito una comunidad cristiana? **116**
¿Cómo debo relacionarme con otros cristianos? **118**
¿Por qué debo escoger una iglesia
espiritualmente fuerte? **120**
Libros sobre la comunidad cristiana **123**

CÓMO COMENZAR UN GRUPO PEQUEÑO..........................**124**
¿Por qué necesito un grupo pequeño? **124**
¿Por qué es necesario tener un grupo
pequeño formal? **125**
¿Qué se requiere para hacer que un grupo
pequeño funcione? **125**
¿Puedo estar totalmente abierto a los miembros
de mi grupo pequeño? **126**
Libros sobre los grupos pequeños **126**

LA VIDA EN EL MUNDO..**127**
CÓMO TOMAR DECISIONES CON DISCERNIMIENTO
DE LA VOLUNTAD DE DIOS...**127**
¿Qué queremos decir cuando hablamos de
"la voluntad de Dios"? **127**
¿Qué es el discernimiento? **128**
¿Qué dirección me ha dado Dios para ayudarme
a discernir? **129**
¿Cómo puedo conseguir sabiduría y discernimiento? **132**
¿Cómo se aplican los principios del discernimiento
para tomar decisiones sabias en situaciones concretas? **134**
¿Qué dice Dios acerca de la afirmación
"Dios me ha dicho"? **135**

CÓMO TOMAR DECISIONES MORALES.............................**137**
¿Cómo puedo decidir sobre lo que es bueno
y lo que es malo? **137**
¿Por qué Dios se preocupa de los pensamientos y
las acciones que solo me afectan a mí? **140**
¿Qué debo hacer si alguno de mis conocidos
está practicando el pecado? **141**

CÓMO MANEJAR LAS EMOCIONES....................................**144**
¿Las emociones fuertes son buenas o malas? **144**

Índice

    ¿Debo confiar en mis sentimientos de culpa? **145**
    ¿Debo confiar en el amor romántico? **146**
    ¿Cómo puedo airarme sin pecar? **146**

EL SUFRIMIENTO..**147**
    ¿Cómo puede un Dios amoroso permitir que la gente sufra? **147**
    ¿Cómo puedo tratar con mi propio sufrimiento? **149**
    ¿Qué debo hacer cuando Dios parece estar muy lejos? **150**
    ¿Cómo puedo ayudar a alguien que sufre? **152**

LAS RELACIONES..**153**
    ¿Cómo quiere Dios que trate a las personas en general? **153**

LA AMISTAD..**156**
    ¿Cómo puedo ser un buen amigo? **156**
    ¿Qué debo buscar en un amigo? **158**
    ¿Y si un amigo me defrauda? **159**
    ¿Puedo tener amigos no cristianos? **159**
    ¿Qué debo hacer si un amigo me pide que haga algo que considero malo? **159**

LAS CITAS ROMÁNTICAS......................................**161**
    ¿Cuáles deben ser mis actitudes en las citas románticas? **161**

LAS RELACIONES SEXUALES................................**163**
    ¿Qué dice la Biblia sobre las relaciones sexuales? **163**
    ¿Qué hay de malo con las relaciones sexuales fuera del matrimonio? **164**
    ¿Y qué sobre el contacto sexual sin llegar a la consumación? **166**
    ¿Qué puedo hacer con la tentación sexual? **167**
    ¿Qué puedo hacer si ya he caído? **167**
    ¿Cuáles son algunas diferencias importantes entre el hombre y la mujer? **168**
    Libros sobre la sexualidad **169**

EL MATRIMONIO...**170**
    ¿Cómo describe la Biblia el matrimonio cristiano? **170**
    ¿Cómo debo tratar a mi cónyuge? **170**
    ¿Qué significa "sumisión"? **173**

¿Debo casarme o quedarme soltero(a)? **174**
¿Debo casarme con esta persona en particular? **174**
¿Cuáles son las mayores amenazas para el matrimonio? **175**
¿Qué si mi matrimonio es terriblemente penoso? **176**
¿Qué hay acerca del divorcio? **177**
Libros sobre el matrimonio **178**

LA EDUCACIÓN DE LOS HIJOS **179**
¿Cuál es la meta bíblica de la educación infantil? **179**
¿Cómo puedo preparar a mis hijos para
   que cumplan las metas bíblicas? **180**
¿Cómo puedo preparar a mis hijos en la Biblia
   y la oración sin aburrirlos? **185**
Libros sobre la educación infantil **188**
Libros sobre los devocionales familiares **188**

EL DINERO **189**
¿Son el dinero y las posesiones materiales buenos,
   malos o moralmente neutros? **189**
¿Quién es el dueño de lo que poseo? **190**
¿Con qué propósito Dios me ha confiado
   mis posesiones? **191**
¿Cuál debe ser mi actitud al ofrendar? **195**
¿Cómo puedo obtener suficiente dinero para
   ofrendar generosamente? **201**
Libros sobre la administración del dinero **210**

EL TRABAJO Y EL DESCANSO **211**
¿Cuál es la visión de Dios sobre el trabajo? **211**
¿Qué implica para mí la visión de Dios sobre
   el trabajo? **211**
¿Cómo ha afectado el pecado al trabajo? **215**
¿Cuáles son algunas buenas y malas motivaciones
   para trabajar? **216**
¿Cómo debo tratar con el pecado que encuentro en
   mi lugar de trabajo? **217**
¿Cómo debo escoger un trabajo? **221**
¿Cómo debo considerar el tiempo libre y el descanso? **221**

EL CRISTIANO EN LA SOCIEDAD **224**
¿Cuáles son mis responsabilidades en la sociedad secular? **224**

ÍNDICE **227**

Introducción

¿Qué es un discípulo?

El Señor omnipotente me ha concedido
tener una lengua instruida,
para sostener con mi palabra al fatigado.
Todas las mañanas me despierta,
y también me despierta el oído,
para que escuche como los discípulos (Isa. 50:4).

El término discípulo significa "aprendiz". En los días de Jesús cualquiera que quería aprender sabiduría, seguía a algún maestro, escuchaba sus enseñanzas y observaba su vida. La meta del discípulo no era únicamente aprender de su maestro sino hacerse igual a él en todos los aspectos. Así, un discípulo de Jesús es uno que lo sigue a él para hacerse tal cual él es.

El discipulado implica más estar con y ser como que cumplir con una serie de reglas. Pero, además, un discípulo:

➤ debe estar en todo bajo la autoridad de Jesús;
➤ procura activamente aprender sus enseñanzas;
➤ procura activamente hacer lo que él hizo.

El aprendizaje y la obediencia son esenciales, pero deben fluir desde una creciente e íntima relación con el Maestro.

En las páginas que siguen encontrarás que estar con y ser como Jesús implica:

➤ hablar con él en oración;
➤ escucharlo en la Biblia;

- llegar hasta aquellos que él quiere tocar;
- compartir tu vida con sus otros discípulos;
- confiar todas las áreas de tu vida a su dirección.

CÓMO UTILIZAR ESTE LIBRO. Cada una de las primeras cuatro secciones de este libro trata con una de las cuatro dimensiones más importantes de la vida cristiana. Los principales asuntos enumerados en el índice de contenido proceden de *Beating the Churchgoing Blahs* (Cómo derrotar a los parlanchines de iglesia) por Robert Thornton Henderson (InterVarsity Press). Son los mismos principios básicos de la vida cristiana que los discípulos de Cristo han procurado seguir a través de los siglos. "Cómo conocer al Rey" es lo que Benedicto, el viejo santo, llamaba "formación espiritual". Implica principalmente la oración y también la constante dependencia de Dios en medio de las pruebas de la vida. "Cómo conocer la fe" habla del estudio de la Biblia y de escuchar sus enseñanzas (la formación teológica de Benedicto). Los temas "Llamado para ser enviado" y "El Cuerpo de Cristo" tratan de la extensión hacia el mundo no creyente y hacia los demás hermanos cristianos. (Algunos llaman a estas dos áreas "Evangelización" y "Comunión".)

No importa cómo los llamemos, estos cuatro objetivos fundamentales son dependientes entre sí para conseguir frutos reales. Si estás comenzando tu vida cristiana, Dios no espera de ti un éxito inmediato; pero tu fe será mucho más rica y estable si comienzas a "mojarte los pies" en estos importantes aspectos de la vida cristiana.

La sección "La vida en el mundo", en este libro, podría llamarse también "El cristiano en acción". Trata de los asuntos prácticos de la vida: cómo ser un cristiano afecta tu manera de tomar decisiones, tus relaciones con los demás y la manera de usar tu dinero. Encontrarás que actuar como un cristiano dinámico en estos aspectos depende de la calidad de tu vida de oración, del estudio de la Biblia y de las relaciones con creyentes e incrédulos. Tam-

Introducción

bién te darás cuenta de que lejos de cargar más tu vida, vivir la vida cristiana según la manera de Dios te liberará de mucha de la ansiedad causada por asuntos tales como el dinero, el trabajo y las relaciones. Hemos tratado de facilitarte la búsqueda de lo que deseas leer; puedes buscar temas específicos en el índice temático o revisar el índice de contenido para buscar las cuestiones que te interesan. A medida que leas, hallarás muchas palabras y conceptos con los que no estás familiarizado. Búscalos en la página 227 para encontrar otros lugares donde se tratan esos temas.

Si hacerte un discípulo está comenzando a parecerte como un montón de reglas, te sugerimos que comiences con "¿Qué significa llamar a Dios 'Padre'?" (página 16), "Depender de Dios" (página 58), "¿Qué es el Evangelio?" (página 61) y "¿Quién soy?" (página 87). Cuando hayas comprendido estos temas fundamentales, podrás acercarte al resto del discipulado sabiendo que el Padre te ama y que el Espíritu Santo te capacita para llegar a ser aquello para lo cual Jesús murió por ti.

Cómo conocer al Rey

Dios

1. ¿Quién es Dios y a qué se parece?[1] La Biblia sistemáticamente adapta el lenguaje humano para hablarnos de Dios. De esta manera provee una idea adecuada acerca de su naturaleza y carácter, aun cuando su esencia queda más allá de nuestra capacidad de comprensión.

Yavé. YHWH es el nombre personal que Dios utilizó cuando estableció su pacto con Israel (Éxo. 3:14, 15). Significa "YO SOY EL QUE SOY" o "Yo seré el que seré". Esto es, él es el único que existe esencial e independientemente y quien está activamente presente con su pueblo. Dios mismo explica su nombre de la manera siguiente:

> El SEÑOR, el SEÑOR, Dios clemente y compasivo, lento para la ira y grande en amor y fidelidad, que mantiene su amor hasta mil generaciones después, y que perdona la iniquidad, la rebelión y el pecado; pero que no deja sin castigo al culpable... (Éxo. 34:6, 7).

Como los judíos decidieron finalmente que el nombre de Dios era demasiado santo para ser pronunciado, comenzaron a llamarlo "el Señor" y la mayoría de las traducciones utilizan dicha expresión. Los siguientes son otros nombres de Dios utilizados en el Antiguo Testamento:

➤ *Elohim*: "Dios", el trascendente (Gén. 1:1);
➤ *El Shaddai*: "Dios Todopoderoso" el monte (Gén. 35:11);
➤ *Adonai*: "el Señor", soberano sobre todas las cosas (Gén. 15:2);
➤ *Yavé Sabaoth*: "el Señor de los ejércitos" o "el Dios Todopoderoso", soberano de las huestes celestiales (Sal. 24:10);
➤ *Qadosh Yisrael*: "el Santo de Israel" (Sal. 71:22).

La Trinidad. El Nuevo Testamento establece claramente que en realidad Dios es tres personas en una (ver Juan 14—16, 1 Cor. 12:3-6; 2 Cor. 13:14). Cómo es posible esto es para nosotros un misterio, pues no sabemos de otros seres que sean al mismo tiempo una y tres personas. Pero los escritores bíblicos insisten en que el Padre es totalmente Dios, que Jesús es totalmente Dios y que el Espíritu Santo es totalmente Dios. No son las mismas personas pero son un solo Dios.

Los atributos de Dios.

Existe. Dios no puede dejar de existir. Es el único ser que tiene vida en sí mismo y del cual emana la vida (Juan 5:26).

Es personal. Dios tiene personalidad, conciencia, capacidad de elección y vida. Nos relacionamos con él como con una persona, no como con una fuerza (Hech. 17:27)

Es sencillo, perfecto e inmutable. Dios nunca experimenta conflicto consigo mismo. Está enteramente comprometido con lo que es y lo que hace. Su naturaleza y maneras nunca cambian y no pueden ser mejores. Esta inmutabilidad no significa "una actitud eternamente estática, sino su moral consecuente que lo hace fiel a sus principios de acción y lo conduce a tratar de manera diferente a aquellos que cambian su conducta hacia él"[2] (Núm. 23:19, Stg. 1:17).

Es infinito, incorpóreo, omnipresente, omnisciente y eterno. Dios no está limitado por el tiempo o el espacio. Es Espíritu y está presente en todas partes. Siempre está en conocimiento de la totalidad del pasado, del presente y del futuro (Juan 4:24).

Es resoluto, todopoderoso y soberano. Dios tiene un plan para el universo. Él trabaja con y por medio de sus criaturas para cumplir su propósito (1) sin violentar el libre albedrío del ser humano ni la naturaleza de lo que él ha hecho y (2) a pesar de la oposición humana y satánica (Luc. 1:37).

Dios

Es trascendente e inmanente. Dios es distinto a su creación, no la necesita y está más allá de la comprensión de cualquier intelecto creado. Sin embargo, "Él permea el mundo con su poder creador y sustentador, conformándolo y conduciéndolo para mantenerlo en la trayectoria planeada"[3] (Isa. 55:8, 9; 57:15).

Es imperturbable (no "impasible ni insensible"). Ningún ser creado puede infligirle dolor a Dios contra su voluntad. Sorprendentemente, él escoge experimentar pesar, ira o compasión por nuestra causa. Escogió el horrible sufrimiento de la crucifixión. Por otra parte, su gozo y deleite son ilimitados y constantes (Isa. 63:9; Fil. 2:6-8).

El carácter de Dios.

Amor perfecto. Amor es dar a nuestro propio costo para beneficio del que recibe. El ejemplo supremo de amor es que Dios el Padre entregó a su Hijo para que sufriera, a fin de que los seres humanos pudieran ser liberados de la condenación. Dios nunca es egoísta o cruel, aun cuando con frecuencia no entendemos lo que él hace.

Dios no solo nos ama, él es amor en su misma esencia. Las personas de la Trinidad están regocijándose constantemente y expresándose mutuamente su amor (1 Jn. 4:7-9).

Sabiduría perfecta. Dios no solo posee el poder para regir el universo y el amor para desear lo mejor para sus criaturas; tiene también la sabiduría para saber cómo alcanzar su mayor gloria y el mayor bien para los suyos. Siempre sabe qué está haciendo, aunque nosotros no lo sepamos (Rom. 11:33).

Santidad. El amor de Dios no es una indulgencia ciega. Él detesta la maldad moral y muestra su justa ira contra ella. Su santidad demandó que se pagara un precio por la rebelión humana. Su amor determinó que él mismo pagaría el precio exigido. Su amor desea que se tenga una relación íntima con él; su santidad exige que seamos purificados de toda corrupción para conseguir esta relación íntima (Apoc. 15:4).

Perfección moral. Dios es totalmente veraz, fiel, misericordioso, generoso, paciente, justo y bueno. De esta manera trata con todos los hombres, aun con los rebeldes (Sal. 103:1-18; Heb. 6:18).

2. ¿Qué significa llamar a Dios "Padre"? Cuando reconocemos a Jesús como Señor y Salvador, nacemos de nuevo. El Padre de Jesús se convierte en nuestro propio padre por adopción y por una nueva "genética espiritual". Tenemos el derecho de llamarlo "Abba" (Rom. 8:15), que significa "papá", "papito", un nombre respetuoso pero a la vez íntimo y afectivo. Podemos acercarnos a él con todas nuestras preocupaciones, recibir de él todo el amor y sentido de importancia que necesitamos y confesarle confiadamente nuestros pecados. Él es todo lo que un Padre debe ser (Mat. 7:9-11; Luc. 15:11-32; Heb. 12:4-11).

3. ¿Quién es Jesús?
Es totalmente Dios. Jesús participó en la creación del universo y continúa tomando parte en mantenerlo en su rumbo. Es la exacta expresión del carácter moral y la personalidad del Padre (Juan 1:1-12; Col. 1:15-20; Heb. 1:3). Cada uno de los rasgos y atributos de Dios que hemos mencionado antes son ciertos también para Jesús. Cuando vino a la tierra se despojó voluntariamente de Su infinitud, omnipresencia, etc. La humillación que experimentó en su sacrificio fue pavorosa.

Es totalmente hombre. Jesús adoptó todos los rasgos físicos, emocionales y mentales del hombre, pero su cuerpo, su mente, su voluntad y sus emociones no se corrompieron con el pecado. Habiendo renunciado a sus derechos divinos, realizó los milagros por el poder del Espíritu Santo y no por su poder como el Hijo de Dios (Mat. 12:28). Resistió a Satanás con la fuerza del Espíritu y la dedicación de su voluntad humana. Sufrió lo que sufrimos y utilizó únicamente el mismo poder que está disponible para nosotros de manera que pudiera comprendernos y ayudarnos en nuestras tentaciones. Tal como nos dicen las Escrituras, "...tenemos... (un sumo sacerdote) que ha sido tentado en todo de la misma manera que nosotros, aunque sin pecado" (Heb. 4:15). "Por haber sufrido él mismo la tentación, puede socorrer a los que son tentados" (Heb. 2:18).

Después de su resurrección, Jesús no desechó su humanidad. Por toda la eternidad él lleva en su cuerpo glorificado las cicatrices de la crucifixión, las marcas de un amor tan increíble que hace enmudecer aun a los ángeles.

Nombres de Jesús.

Cristo, "el Ungido", el título judío para el Rey más grande de la nación, un descendiente de David. *Christus* es la traducción griega de la palabra hebrea *Meshiach*, "Mesías" (Luc. 9:20).

Jesús, "el Señor salva" (Mat. 1:21).

Emanuel. "Dios con nosotros" (Mat. 1:23).

Señor. Bajo el Padre, soberano sobre todas las cosas (Hech. 2:36; 1 Cor. 15:24- 28).

Admirable, Consejero, Dios fuerte, Padre eterno, Príncipe de paz (Isa. 9:6).

Hijo de Dios (Mar. 1:11).

Hijo del Hombre. Así se llamaba Jesús a sí mismo (Mar. 2:28). Era un hombre, el hombre glorioso anunciado en Daniel 7:13, 14.

4. ¿QUIÉN ES EL ESPÍRITU SANTO Y QUÉ HACE? El Espíritu Santo es la tercera persona de la trinidad y por ello es totalmente Dios y una persona, no una fuerza.

El ruach (aliento, viento, espíritu) de Dios aparece en el Antiguo Testamento como la energía de Dios liberada. El Espíritu Santo:

- colabora en la Creación (Gén. 1:2; 2:7);
- revela los mensajes de Dios y, por tanto, nos enseña a vivir de manera fructífera;
- capacita para la fe, el arrepentimiento, la obediencia, la alabanza, la oración, el liderazgo fuerte y sabio, y habilita para el trabajo creativo.

El Nuevo Testamento añade que el Espíritu es una persona distinta del Padre y del Hijo. Durante la vida de Jesús en la tierra, fue el aliado, abogado, consejero, refuerzo y sostén de sus discípulos. Cuando Jesús regresó al Padre, envió su Espíritu para que cumpliese los mismos papeles (Juan 14:16). El Espíritu:

- nos revela quién es Jesús y lo que él quiere que sepamos;
- convence de culpa a creyentes y a incrédulos;
- nos une a Jesús en el nuevo nacimiento para que seamos miembros de su cuerpo y tengamos parte en su reino;
- asegura a los creyentes que somos hijos y herederos de Dios;
- intercede en nuestra íntima relación con el Padre y con el Hijo, y es el fiador y el garante de nuestra vida celestial;
- nos transforma "progresivamente por medio de la oración y el conflicto con el pecado a la semejanza moral y espiritual de Cristo" —Nos capacita para el amor, el gozo, la paz, etc. (Gál. 5:22, 23);
- otorga los dones (capacidades para testificar y servir) para edificar el cuerpo de Cristo;
- ora en y por nosotros cuando nos sentimos incapaces;
- nos capacita para que sepamos qué decirles a los que nos preguntan acerca de Cristo;
- nos capacita para la acción misionera, las decisiones pastorales y el liderazgo.[4]

(Ver Juan 14:15-27; 15:26-16:16; 20:19-23; Rom. 8:1-27; 1 Cor. 12:1-14:40.)

Dios

5. ¿Qué son los dones del Espíritu? Los dones del Espíritu son habilidades, otorgadas por el Espíritu Santo, que nos capacitan para servir a Cristo y edificar su cuerpo. Se diferencian del "fruto del Espíritu" (Gál. 5:22, 23), que es una cualidad del carácter de siervo en el cristiano. Romanos 12:3-8 y 1 Corintios 12:8-10, 28 enumeran algunos de los dones que el Espíritu concede. En 1 Corintios 12—14 aprendemos lo siguiente:

El propósito de todos los dones es edificar el cuerpo de Cristo. Los dones no se conceden para conseguir fama, reconocimiento o logros personales. "No son propiedad nuestra para utilizarlos como nos plazca, sino que son habilidades espirituales que nos han sido confiadas por Dios para que las utilicemos en favor de otros para su gloria y según él indique"[5] (1 Ped. 4:10, 11).

Los dones no son condecoraciones o recompensas. Personas famosas o muy dotadas no son necesariamente más santas o valiosas que aquellas que tienen dones más humildes y menos evidentes. Personas que sientan que han pecado seriamente no tienen que sentirse menos merecedoras de los dones. Todos los dones son inmerecidos, otorgados por gracia.

Todos los dones son esenciales para los propósitos de Dios. Nunca debes sentirte menos o más importante que cualquier otra persona. No pretendas conseguir una buena posición espiritual ni permitas que nadie que busque tal cosa te ponga a un lado.

Cada cristiano posee por lo menos un don. Decir que no tienes ningún don es lo mismo que decir que no tienes ninguna función en el cuerpo.

El Espíritu de Dios otorga los dones soberanamente. Es él y no tú quien decide cuál será tu función en el cuerpo y qué dones necesitas. Puedes confiar en que su decisión es perfectamente sabia y buena para el cuerpo como un todo, aun si te gustaría un don más destacado para tu propia satisfacción y orgullo.

Los dones deben ser desarrollados y ejercitados. Obtienes un don por gracia, pero aprender a usarlo, exige mucho tiempo y esfuerzo, estudio y práctica. Dios nos hace responsables del modo como desarrollamos lo que él nos ha concedido.

El uso efectivo de cada don depende de la fe en Cristo. No es suficiente reconocer que el don nos ha sido otorgado soberanamente y trabajar duramente. Tenemos que depender constante y conscientemente del poder capacitador de Cristo. No podemos dar por sentado la asistencia de Dios ya sea no trabajando arduamente o simplemente no dependiendo de su poder.

El uso efectivo de los dones exige la participación en un cuerpo local. El objetivo de los dones es la edificación concreta, no abstracta, del cuerpo. La única manera de edificar realmente la iglesia universal, es integrándote y colaborando en un cuerpo específico de creyentes.

Los dones son inútiles y hasta dañinos si falta el amor. A menos que el amor permee todas nuestras relaciones, destruiremos la unidad que se supone debe conseguirse con los dones.

6. ¿Cómo puedo descubrir mi(s) don(es)?

El compromiso. ¿Estás comprometido a hacer cualquier cosa que Dios te pida, o estás solamente interesado en comprenderte a ti mismo? Dios no te revelará sus dones hasta que no te comprometas con su programa.

La experiencia. ¿Qué te ha pedido Dios que hagas y que no hagas? ¿En qué áreas ha bendecido Dios tus esfuerzos y en cuáles no lo ha hecho? ¿Cuáles son las oportunidades de servir que se te han abierto y cuáles se han cerrado? Por medio de las experiencias pasadas, Dios nos muestra en qué áreas podemos servirle mejor.

Dios

Las habilidades naturales y el temperamento. Los dones espirituales no son lo mismo que las habilidades naturales, pero a menudo se apoyan y cooperan con nuestras inclinaciones naturales. Un maestro puede ser naturalmente un buen estudiante dotado sobrenaturalmente para enseñar a otros lo que ha aprendido.

Por otra parte, Dios puede llamarte y capacitarte para una función que deje sin uso algunas de tus habilidades naturales preferidas y desafíe tu temperamento. Él podría llamar a un músico o a un científico tímido a un ministerio público simultáneamente, incluso sustituyendo sus otras actividades.

La confirmación de los hermanos. Dios puede utilizar a otros hermanos cristianos para guiarnos en el descubrimiento de nuestros dones espirituales. ¿En qué áreas otros dicen haber sido bendecidos por ti? ¿Qué te dicen cristianos ya maduros cuando les pides consejo? (Ver *Discernimiento* en el índice).

7. ¿Cómo puedo reconocer los dones falsos? Satanás o alguna persona de naturaleza pecaminosa (carnal) puede falsificar o distorsionar los dones de Dios. Para discernir los dones falsos o manchados, pregúntate lo siguiente:

➤ El Espíritu Santo representa a Cristo. Ese don, ¿es un mal representante de Cristo, lo desplaza o lo deshonra? (Ver 1 Jn. 4:1-6.)
➤ El Espíritu Santo no contradice lo que él dijo a los apóstoles y a los profetas que escribieron la Biblia. ¿Socava ese don la autoridad o la doctrina bíblica?
➤ ¿Rompe el ejercicio de ese don el Cuerpo de Cristo? ¿Causa disensión o algún otro daño?
➤ ¿Es ese don utilizado de otra manera que no sea por amor?

8. ¿Qué significa ser lleno del Espíritu Santo? Ser lleno del Espíritu Santo significa estar bajo su control. En su Evangelio y en el libro de Los Hechos, Lucas utiliza el término lleno (llenar, llenando, etc.) de la siguiente manera:

➤ "cuando a las personas se les concede una dotación inicial del Espíritu para adecuarlas al servicio de Dios";
➤ "cuando son inspiradas para emitir importantes declaraciones";
➤ para "el proceso continuado de ser lleno del Espíritu o el correspondiente estado de estar lleno del mismo".

Así, "una persona ya llena del Espíritu, puede recibir una fresca llenura de este para realizar una tarea específica o para una plenitud continua".[6]

Pablo nos exhorta a la búsqueda constante de la plenitud del Espíritu para la adoración y el servicio (Ef. 5:18). Esto lo hacemos:

➤ al pedir constantemente en oración que la presencia y el poder de Dios se manifieste en nuestra vida;
➤ al invertir diariamente un tiempo de adoración en la presencia de Dios;
➤ al resistir continuamente los deseos de nuestra naturaleza pecaminosa para que el Espíritu tenga libertad de acción.

9. ¿Qué significa ser bautizado con el Espíritu? Ser bautizado con el Espíritu Santo es lo mismo que la plenitud inicial que hemos mencionado antes (Hech. 1:5). Ocurre cuando entregamos nuestra vida a Cristo y le cedemos el control de ella a su Espíritu. Las experiencias subsiguientes son siempre llamadas llenura o plenitud y no bautismo. En un sentido, somos sumergidos en el Espíritu de Dios de modo que él se convierte en la persona que controla nuestra vida. En otro sentido, somos "todos bau-

Dios

tizados por un Espíritu en un cuerpo" (1 Cor. 12:13), de manera que él nos sumerge y nos une en Cristo y entre nosotros. Este bautismo es el final del feroz individualismo y de la confianza en nuestras propias fuerzas; ahora somos regidos por el Espíritu de Dios y dedicados a los demás cristianos.

10. ¿Cómo puede un Dios amoroso enviar personas al infierno? Dios creó muchas cosas y seres a quienes ama y con quienes se regocija, pero ellos no tienen la capacidad para responder a ese amor. Así son los astros, las piedras, los árboles y los animales. Pero Dios también decidió hacer otras criaturas con la capacidad de amar, sentir, razonar y hacer decisiones morales. Él deseó mantener una relación personal con los seres que creó, la clase de relación que exigía todas esas capacidades.

Dios también quería demostrar la dimensión de su amor, hasta donde sería capaz de llegar por el bienestar de sus criaturas. Sobre todo, él quería mostrar su gloria a toda la creación viviente, la majestad y los atributos que lo hacen ser el único que merece ser adorado. Al haber creado seres capaces de decidir amarlo y adorarlo, quiso mostrar cabalmente por qué debían hacerlo.

Con estas metas en mente, Dios creó al hombre. Los primeros hombres decidieron oponerse a Dios y condenaron a sus descendientes a hacer lo mismo a menos que el propio Dios interviniera. Esto hizo él al enviar a su Hijo —Dios encarnado— a sufrir la tentación, la separación del Padre y la muerte. Dios estableció quiénes responderían a este impensable acto de amor. Sin embargo, misteriosamente, es real la libertad de cada persona para escoger qué hará.

La elección es de suma importancia. En *The Great Divorce* (El Gran Divorcio) C. S. Lewis describe a los habitantes del infierno que hacen una gira por el cielo. Lo odiaban, lo encontraron aburrido e incómodo. Aunque en el infierno eran muy desgraciados, ese era el lugar donde realmente encajaban. Dios los había creado y ellos se hicieron a sí mismos incapaces de disfrutar en la eterna presencia de Dios. En *Mere Christianity* (Cristianismo y Nada Más), Lewis describe cómo una persona se hace ciudadano del infierno:

> La gente piensa frecuentemente que la moralidad cristiana es una clase de trato en el que Dios dice: "Si cumples con una serie de reglas, te recompensaré, pero si no lo haces, no lo haré". No creo que sea esta la mejor manera de ver el asunto. Me gustaría mucho más decir que cada vez que tomas una decisión, estás activando tu parte principal, la que te permite elegir, un poco diferente de lo que era antes. Así, mirando toda tu vida, con todas tus innumerables decisiones, durante toda ella has estado haciendo que esa tu parte principal te haga una criatura más celestial o más infernal, o una criatura que vive en armonía con Dios, con las demás criaturas y consigo misma, o de otra manera en una que está constantemente en un estado de guerra y odio hacia Dios, sus criaturas y consigo misma. Ser de la primera clase de criaturas es estar en el cielo; esto es: gozo, paz, conocimiento y poder. Ser de la otra clase significa locura, horror, idiotez, rabia, impotencia y eterna soledad. Todos nosotros, en cada uno de los instantes de nuestra vida, progresamos hacia alguno de estos dos estados.[7]

No es que Dios sea cruel y mande a una criatura infernal al infierno; es que en realidad no se sentiría bien en ningún otro sitio. No es una crueldad de Dios permitir que nazcan niños que van a crecer y que luego se transformarán en criaturas infernales, pues esto es necesario para el bien de todas sus criaturas y para mostrar su gloria. Pregunta a un no cristiano si desearía que Dios nunca lo hubiera creado. Si respondiera afirmativamente, se sentiría miserable

Dios

en el cielo, pero puedes estar seguro de que Dios ha conseguido algún bien de su existencia de maneras que esa persona desconoce.

11. ¿Puedo confiar y esperar que Dios haga algo por mí?
Puedes esperar que Dios supla para tus necesidades más profundas de manera limitada mientras estés vivo. Él:

- proveerá alimento, vestido y cobija, y te protegerá de la muerte física hasta que él mismo considere que ha llegado el momento de llevarte a su hogar con él;
- si se lo permites, te alimentará con el amor incondicional que anhelas;
- te confiará una tarea eternamente importante y te capacitará con las habilidades que necesites para realizarla;
- te enviará los colaboradores que requieras para compartir la tarea;
- te proveerá toda la dirección necesaria, si te muestras dispuesto a escuchar;
- te suplirá todas las personas y circunstancias para probarte y todo el sufrimiento que necesites para crecer a la semejanza de Cristo;
- te resucitará, en cuerpo y espíritu, para reinar con él en gozo eterno, revelando su amor. En ese momento tu necesidad de amor y significado será completamente satisfecha y nada te faltará.

No puedes esperar de Dios que:

- te conceda todo lo que deseas o piensas que necesitas;
- te proteja del dolor;
- haga que todo el mundo te ame y respete;
- te haga rico materialmente;
- tome todas las decisiones por ti;
- te haga tan feliz ahora como lo serás en la vida venidera.

Libros sobre Dios

Mehl, Ron. *Dios también trabaja de noche*. El Paso, Texas: Casa Bautista de Publicaciones, 1997.

Blackaby, Henry T. y King, Claude V. *Refrescante experiencia con Dios*. El Paso, Texas: Casa Bautista de Publicaciones, 1999.

Notas

1. La mayoría del material de respuesta a la pregunta ¿Quién es Dios? Procede de J. I. Parker, *"God"*, *The New Dictionary of Theology* ("Dios", El Nuevo Diccionario de Teología), eds Sinclair B. Ferguson, David B. Wright y J. I. Parker (Downers Grove, Ill.: InterVarsity Press, 1988), páginas 275-277.
2. Packer, *"God"*, página 276.
3. Packer, *"God"*, página 277.
4. Packer, *"Holy Spirit"*, *The New Dictionary of Theology* ("Espíritu Santo", Nuevo Diccionario de Teología), página 316.
5. Jerry Bridges, *The Crisis of Caring* (La Crisis del Cuidado) (Colorado Springs, Colo.: NavPress, 1987), página 111.
6. I. H. Marshall, *The Acts of the Apostles* (Los Hechos de los Apóstoles)(Grand Rapids, Mich.: Eerdmans Publishing Company, 1980), página 69.
7. C. S. Lewis, *Mere Christianity* (Cristianismo y Nada Más) (New York: Macmillan Publishing Company, 1960 [1943]), páginas 86-87.

La oración

1. ¿Qué es la oración? La oración es sencillamente una conversación con Dios, hablarle, escucharlo, estar en su presencia. La oración incluye compartir tus pensamientos, sentimientos, dudas, problemas, quejas, esperanzas y alegrías. Implica la confesión de los pecados, adorar a Dios, comprometerte a obedecerlo, darle gracias, pedir por ti y por otros y ponerte a su disposición.

2. ¿Por qué debo orar? Cuando amas a una persona, quieres estar con él o ella, deseas compartir tus pensamientos y disfrutar de la presencia de la otra persona. La oración es el modo de pasar tiempo con el amado y tener intimidad con él.

> Yo soy de mi amado,
> y él me busca con pasión (Cant. 7:10).

Dios es nuestro amado y también nuestro señor. La oración es una de las maneras en que nos entrenamos para servirle —adorando su grandeza, reconociendo nuestra debilidad, adquiriendo su perspectiva, y buscando sus instrucciones específicas—. La oración y el estudio de la Biblia colaboran para sumergirnos en las actitudes, valores, deseos, métodos y metas de nuestro Señor. Si deseamos obedecerle, necesitamos pasar tiempo con él.

Finalmente, Dios es nuestro padre (Rom. 8:15). En lugar de hacer robots que obedecieran automáticamente a su voluntad, él creó personas que pudieran llegar a ser sus hijos e hijas. Ya seamos niños o adultos espirituales, todos tenemos necesidades, sentimientos y responsabilidades. Nuestro padre nos alimenta y disciplina no importa si se lo pedimos o no, porque él conoce nuestras necesidades. Pero al igual que un padre humano, a Dios le agrada que sus hijos le digan lo que desean, lo que sienten y lo mucho que lo aprecian.

3. ¿Qué son la acción de gracias, la alabanza y la adoración? La Biblia no hace una clara distinción entre la acción de gracias, la alabanza y la adoración, pero los cristianos han desarrollado una variedad de ideas útiles. He aquí algunas:

> La adoración comienza con la alabanza. Ésta es simplemente el acto de celebrar o reconocer la bondad de alguien o algo. Alabamos a los atletas, a las mujeres hermosas, los alimentos, etc, etc. La alabanza, como acto de celebración, puede aplicarse tanto a las cosas como a Dios. La adoración, por el contrario, se aplica sólo a lo divino y acontece en un plano espiritual totalmente distinto.
>
> La alabanza es una actividad humana que reconoce a Dios. La adoración es la actividad de Dios en nosotros, quien nos atrae hacia él y nos abraza amorosamente en respuesta a nuestra alabanza. La adoración está cargada con la maravilla de una intimidad en la que Dios ha tenido la iniciativa. En la adoración dejamos a un lado lo que estamos haciendo como seres humanos, y nos perdemos en lo que él está haciendo en y por medio de nosotros. La alabanza nos prepara, pero nada más.
>
> De las muchas palabras hebreas usadas en el Antiguo Testamento para "adoración", shachah es la más común. Significa "inclinar el propio ser". Dios es exaltado, yo soy rebajado; él me deja pasmado. Mi yo perece y con él mi honor, mi dignidad, mi orgullo (Éxo. 34:5-9, Jos. 5:13-15).[1]

La oración

Algunos cristianos ven la totalidad de la vida como una adoración, al "hacer todo en el nombre del Señor Jesús" (Col. 3:17), ofreciendo nuestros "cuerpos en sacrificio vivo... esto es nuestro acto de adoración consciente" (Rom. 12:1). Otros consideran el trabajo y el servicio como una efusión de adoración y algo que debe ofrecerse a Dios como un acto de adoración.[2] La alabanza, en cualquiera de estas visiones, es un aspecto de la adoración, con ella celebramos lo que Dios es y lo que ha hecho.

4. ¿POR QUÉ DEBEMOS ALABAR A DIOS? ¿ES ÉL ACASO UN EGÓLATRA?

Con la alabanza evitas colocarte en el centro. Dios no enfatiza la alabanza, la acción de gracias y la adoración "porque sea un ególatra con deseos egoístas, sino porque él tiene presente nuestros mejores intereses. La alabanza y la acción de gracias nos sacan del centro donde ha de situarse Cristo. Ellas enfocan nuestra mente y corazón en el Señor y nos hacen más semejantes a él. Nos engañamos cuando las descuidamos, pues son un tónico que estimula el gozo y el vigor espirituales".[3]

Creces en la fe y experimentas el poder de Dios. Alabar y adorar a Dios refuerza nuestra fe porque nos centramos en lo que sabemos que es verdadero acerca de él, en lugar de centrarnos en lo que sentimos acerca de nuestras circunstancias. Por lo tanto, la alabanza y la adoración desatan la actuación poderosa de Dios. Cuando el rey Josafat se enfrentó al desastre, alabó a Dios en seis largos versículos (2 Crón. 20:6-11):

> Señor, Dios de nuestros antepasados, ¿no eres tú el Dios del cielo, y el que gobierna a todas las naciones? ¡Es tal tu fuerza y tu poder que no hay quien pueda resistirte! (v. 6).

Después, en el versículo 12, Josafat declara brevemente su aflicción. Cuando llegó la respuesta del señor, el rey y su pueblo respondieron:

> Josafat y todos los habitantes de Judá y de Jerusalén se postraron rostro en tierra y adoraron al SEÑOR, y los levitas de los hijos de Coat y de Coré se pusieron de pie para alabar al SEÑOR a voz en cuello (2 Crón. 20:18, 19).

La victoria de la nación sobre sus atacantes fue asombrosa.

Experimentas la presencia de Dios. En *Reflections on the Psalms* (Reflexiones en los Salmos), C.S. Lewis describe la época cuando se esforzaba por comprender la importancia de la alabanza: "no me percataba de que es en el proceso de ser adorado que Dios se comunica con los hombres. Ciertamente no es la única manera en que lo hace; pero para muchas personas a lo largo del tiempo, 'la belleza del Señor' se revela sobre todo o únicamente cuando lo adoran juntos".[4]

Dios lo merece. Todo se lo debemos a él y seríamos menos que humanos si no desbordáramos gratitud y amor.

> Te exaltaré, Señor, porque me levantaste,
> porque no dejaste que mis enemigos se burlaran de mí
> (Sal. 30:1).

> Digno eres, Señor y Dios nuestro,
> de recibir la gloria, la honra y el poder,
> porque tú creaste todas las cosas;
> por tu voluntad existen y fueron creadas (Apoc. 4:11).

Lo disfrutarás. Finalmente, para nosotros la alabanza y la adoración son un placer. C. S. Lewis escribió:

> Pienso que nos deleitamos al alabar lo que disfrutamos porque la alabanza no solo expresa sino que,

además, completa el gozo; es su completa consumación. No es por cumplido que los amantes no cesan de decirse mutuamente lo hermosos que son; el deleite no es completo hasta que no es expresado... Mientras más valioso sea un objeto, más intenso debe ser el deleite. Si fuera posible para un alma creada ... "apreciar" cabalmente, esto es amar y deleitarse en el objeto más valioso de todos y al mismo tiempo dar expresión perfectamente y en todo momento a su deleite en él, ésta sería la suprema bienaventuranza para el alma.[5]

Idea para aplicar. Lee en voz alta algunos de los salmos de alabanza (por ejemplo: 8; 19; 29; 30; 33; 47; 66; 100; 103—108; 111; 113; 136; 138; 145—150). O bien, lee en voz alta algunos de los cantos de alabanza en Apocalipsis (4:8, 11; 5:9-13; 7:12; 11:15-18; 15:3, 4; 19:1-8). Observa cómo los autores expresan sus sentimientos acerca de Dios y presta atención a sus motivos para alabarlo. Luego, dile a Dios qué es lo que aprecias de él. Permite que la alabanza te lleve al punto en el que espiritualmente (y aun físicamente) te inclines ante el Señor y lo adores.

5. ¿CUÁLES SON LOS PELIGROS PRESENTES EN LA ALABANZA Y CÓMO PUEDO EVITARLOS? Una concepción errónea de la alabanza puede acarrear problemas:

Cristianos irreales, con máscaras sonrientes y emociones reprimidas. Cristianos rebeldes que, por medio de la alabanza, pretenden manipular a Dios para que haga lo que desean. Cristianos confundidos, que creen que Dios causa las pruebas que de hecho ellos mismos se buscan. Cristianos pasivos, que utilizan la alabanza como un sustituto a la búsqueda inteligente de soluciones para los problemas de la vida, y cristianos resentidos que culpan a Dios por no recompensar su alabanza con una vida libre de problemas.

Si pensamos que la alabanza es la cura de todos los males y el secreto principal del éxito en la vida cristiana, es muy probable que descuidemos otras cuestiones esenciales: la oración por nosotros mismos y por otros, el estudio diligente de la Palabra de Dios y la obediencia cotidiana a Cristo como Señor. Si ponemos un énfasis exagerado en los aspectos emocionales de la alabanza, nos desilusionaremos cuando lleguemos a uno de esos períodos emocionalmente estériles de la vida; o desalentaremos a creyentes sinceros que raras veces experimentan emociones fuertes en su alabanza, haciéndoles pensar que nunca serán capaces de desarrollar una vida de alabanza aceptable. Sin embargo, si tememos y evitamos las emociones en nuestra alabanza, perderemos mucho del gozo y muchos de los beneficios que podemos obtener.[6]

Para evitar estos escollos, recuerda los siguientes principios:

Vive de realidades, no de sensaciones. Las sensaciones son un patrón muy pobre para medir la realidad. Concéntrate en lo que sabes que es real acerca de Dios, de ti mismo y del mundo. Esto significa construir tu alabanza sobre la Palabra de Dios y vivir por tu voluntad y la gracia de Dios en lugar de hacerlo por tus emociones. Frecuentemente, alabar a Dios levantará tus emociones a medida que refuerza tu fe y te coloca en la presencia de Dios, pero nunca lo hagas para conseguir una cumbre emocional.

No simules sentirte maravillosamente acerca de Dios cuando realmente no es así. Puedes escoger adorar a Dios como un acto de tu voluntad aun si reconoces, ante Dios y otras personas, que te sientes triste, ansioso, escéptico o airado, pero no dejes que te gobiernen.

No trates de utilizar la alabanza para conseguir que Dios haga lo que deseas. Esto no es más que lisonja calculada, no una alabanza y adoración verdaderas. Es lo mismo que un ritual mágico pagano.

No uses la alabanza como un sustituto de la búsqueda de soluciones inteligentes a los problemas de la vida.

6. ¿Por qué debo confesarle a Dios mis pecados? ¿Es que no los conoce? En los Salmos 32:3-5 y 51:1-17 y en 1 Juan 1:8, 9, se ilustran algunos objetivos de la confesión:

El pecado oculto amarga y corrompe, divide y destruye. Dios conoce tu pecado, pero hasta que no lo reconozcas abiertamente, puedes convencerte a ti mismo de que no es realmente pecado, que no tienes que hacer nada al respecto y que no has hecho ningún daño. La confesión es el primer paso hacia el arrepentimiento, detener y volverse de la mala acción o actitud.

La confesión desata el perdón. Si reconoces que eres culpable, entonces Dios puede limpiarte. La culpa expuesta es tu amiga porque permite que la cruz produzca su efecto en la situación.

La confesión te trae a la realidad. Dios quiere que tu relación con él esté basada en la verdad, en lo real. Confesión procede de un verbo latino que significa "decir lo mismo que". Concordando con Dios acerca de lo que es verdadero, funda tu relación con él en lo real. La confesión te libera de la esclavitud de la mentira, el autoengaño y la desilusión en que Satanás quiere mantenerte.

La confesión restablece tu relación con Dios. Si vives en la falsedad y eres implacable, Dios no escucha ni responde tus oraciones (Isa. 59:1, 2).

La confesión hace la vida más agradable. No confesar los pecados te roba tu gozo, tu paz, tu consuelo de Dios y hasta tu salud. ¡No vale la pena!

7. ¿Cómo debo confesar? El Salmo 51 ofrece un excelente modelo de confesión. En algunas ocasiones querrás confesar pecados específicos que hayas cometido, mientras que en otras, solo necesitarás reconocer ante Dios tu fragilidad general.

Una característica importante de la confesión es decirle a Dios con frecuencia cómo te sientes. Los Salmos están llenos de lo que pudiéramos llamar "confesiones negativas", en las cuales el salmista le decía a Dios cómo se sentía, cuán frustrado se sentía en Dios, y así sucesivamente.

> Me siento débil, completamente desecho;
> mi corazón gime angustiado (Sal. 38:8).

Los salmistas no hacían esto para revolcarse en la autocompasión, sino para comenzar su oración con total honestidad. En el Salmo 38 y en otros, David entremezcló esta clase de franqueza con decisiones para confiar a pesar de sus sentimientos y con peticiones al Dios en quien confiaba.

> Ante ti, Señor, están todos mis deseos;
> no te son un secreto mis anhelos.
> Late mi corazón con violencia, las fuerzas me
> abandonan, hasta la luz de mis ojos se apaga.
> Mis amigos y vecinos se apartan de mis llagas; mis
> parientes se mantienen a distancia.
> Pero yo me hago el sordo, y no los escucho; me
> hago el mudo, y no les respondo.
> Yo, Señor, espero en ti; tú, Señor y Dios mío, serás
> quien responda.
> Voy a confesar mi iniquidad,
> pues mi pecado me angustia.

La oración

Señor, no me abandones;
> Dios mío, no te alejes de mí.

Señor de mi salvación,
> ¡ven pronto en mi ayuda!
>> (Sal. 38:9-11, 13, 15, 18, 21, 22).

Confesar los sentimientos y actitudes pecaminosas ayudó a David a escapar de ellos y a decidir depender de Dios.

Hay dos advertencias con respecto a la confesión:

No fabriques la culpa.

A menudo, para estar seguro, habrá algo definido por qué pedir perdón. Esto es coser y cantar. Pero, al igual que tú, encuentro a menudo una o dos situaciones menos manejables: ya sea un vago sentimiento de culpa o una sigilosa, e igualmente vaga, autoaprobación. ¿Qué debemos hacer con éstas?

En general, he llegado a la conclusión de que no podemos hacer nada con ninguno de estos sentimientos. Por cierto, tampoco podemos creer en ellos, pues ¿creeremos en la niebla? Me vuelvo a San Juan cuando dice: "que aunque nuestro corazón nos condene, Dios es más grande que nuestro corazón y lo sabe todo" (1 Jn. 3:20).

Si estoy en lo cierto, la conclusión es que cuando nuestra conciencia no va al grano, sino que nos acusa o aprueba solo vagamente, debemos decirle, como Herbert: "calla, entrometida", y seguir adelante.[7]

No permitas que la confesión sustituya al arrepentimiento.
El remordimiento (sentimientos y palabras) no es arrepentimiento (acciones).

8. ¿POR QUÉ HE DE PEDIR EN ORACIÓN SI DIOS SABE LO QUE NECESITO? Pedir en oración no es más que solicitar a Dios lo que deseamos. Él siempre nos conoce completamente, incluso nuestras necesidades y deseos, que pedirle algo nos puede parecer una tontería. Pero al mostrarle voluntariamente nuestros deseos, actuamos con Dios como personas y no como cosas. De igual manera lo tratamos como a un padre, un amigo, en lugar de tratarlo como si fuera una lejana y omnisciente máquina que mueve el universo.

Pedir (e interceder) no es procurar cambiar el pensamiento de Dios para que haga algo bueno que no hará si no le torcemos el brazo. Dios no vive en nuestro marco temporal y no reordena todo instantáneamente en respuesta a nuestra petición. Él vive en la eternidad y ve con una mirada la totalidad del tiempo. Desde la fundación del mundo él escucha cada oración y toma/tomó cada una en cuenta según él planea/planeó que fuera hecho. No oramos para cambiar la mentalidad de Dios, sino (por medio del misterio de la relación amorosa con el Todopoderoso) para ser "tenidos en cuenta".[8]

9. ¿Qué actitudes deben conformar mis peticiones?

Confía en que Dios es suficientemente poderoso y amante como para actuar.

> ¿Quién de ustedes, si su hijo le pide pan, le da una piedra? ¿O si le pide un pescado, le da una serpiente? Pues si ustedes, aun siendo malos, saben dar cosas buenas a sus hijos, ¿cuánto más su padre que está en el cielo dará cosas buenas a los que le pidan? (Mat. 7:9-11).

Ver también Marcos 1:40-42; 9:22-24.

No intentes fabricar fe.

> El estado mental producido por el deseo desesperado de trabajar con una fuerte imaginación no es

fe en el sentido cristiano. Es una proeza de la gimnasia sicológica.[9]

Dios promete que si tenemos certeza genuina de que algo es su voluntad en una situación específica, entonces podemos orar por ello con confianza absoluta (Mar. 11:24). Sin embargo, una fe de tal clase depende de nuestro maduro andar con Dios y de una especial intuición procedente de Dios para esa particular situación. Somos bienvenidos y animados cuando oramos sin esa fe absoluta, cuando confiamos solamente en el carácter de Dios y su voluntad general. No se nos garantiza una respuesta afirmativa, pero seguramente habrá alguna. "Ayuda mi incredulidad" (Mar. 9:24) es una oración honesta y genuina.

Ser escuchado es más importante que conseguir lo que pides. La Biblia habla mucho menos de los resultados obtenidos con la oración que del hecho de ser "oídas" o "respondidas". La falsa religión se orienta hacia los resultados; la oración cristiana se orienta hacia la relación. "Podemos soportar ser rechazados pero no ser ignorados".[10]

Acepta como respuestas "más tarde", el "no" y el silencio.

> Cuando Dios ve que tienes fe suficiente para soportar su silencio o para aceptar ser entregado al tormento, moral o físico, para conseguir un mayor cumplimiento de su reino, él puede mantenerse en silencio y finalmente la oración será contestada, pero de una manera muy diferente a la que esperabas.[11]

Jesús pidió al padre ser liberado de la crucifixión. Hebreos 5:7 dice: "...Ofreció oraciones y súplicas con fuerte clamor y lágrimas al que podía salvarlo de la muerte, y fue escuchado a causa de su reverente sumisión". La respuesta fue "no" (a la cruz) y "sí" (a la liberación definitiva de la muerte).

Necesitamos saber en lo más profundo de nuestro ser que Dios sabe lo que es mejor para nosotros y los demás. Él no nos dará una piedra si le pedimos un pan pero tampoco nos dará una piedra si le pedimos una piedra.

> En cierta ocasión una joven, después de un tiempo de vida de oración durante el cual Dios le había parecido inmensamente familiar y cercano, de repente perdió completamente el contacto con él. Pero más que pena por haberlo perdido, ella temía caer en la tentación de intentar escapar de la ausencia de Dios construyendo una falsa presencia de él; pues la real ausencia de Dios tanto como su real presencia son pruebas igualmente buenas de su realidad y de lo concreto de la relación que la oración implica. Así, debemos estar preparados para cualquier cosa que Dios quiera darnos.[12]

Persevera. Para pedir una sola vez no se necesita mucha fe. Así que, Dios a menudo espera para ver si hemos puesto nuestra esperanza en él (o si solo estamos "probando la oración") y realmente confiamos en él a pesar de las apariencias externas que nos conducen a la desesperación.

Jesús narró dos parábolas para animar a sus discípulos a perseverar en la oración. Una de ellas fue la del hombre que dio a su vecino el pan que necesitaba no porque fuera su amigo, sino por insistir con su petición (Luc. 11:5-8). Otra fue la del juez que hizo justicia a una viuda, no porque temiera a Dios, sino porque estaba fastidiado de escucharla quejarse (Luc. 18:1-8). Si personas como estas responden a la persistencia, ¿no lo hará también nuestro amoroso padre Dios?

Fundamenta tu confianza para orar en lo que Jesús ha hecho por ti (Rom. 5:2; Heb. 4:16). Porque Jesús pagó en la cruz la pena por nuestro pecado, nuestra relación con el

Padre ha sido restaurada. Tenemos "confianza", el derecho legal de acercarnos al rey con nuestras solicitudes.

Ora en el nombre de Jesús (Juan 16:23). Tenemos acceso al rey porque conocemos al Hijo del Rey. Orar en su nombre es lo mismo que decirle al Padre: "Jesús dijo que por su autoridad yo podía dirigirme a ti". Si lo que estamos pidiendo es coherente con el carácter, los métodos, y las metas de Jesús, entonces podemos tener la confianza de que seremos escuchados. Si no lo hacemos así, el Padre podría responder: "Jesús nunca hubiera autorizado una petición como esa". Esto nos conduce al siguiente tema.

Ora de acuerdo con la voluntad de Dios (1 Jn. 5:14, 15). La mejor manera de aprender cuál es la voluntad de Dios y qué puedes pedirle legítimamente en el nombre de Jesús, es estudiar la Biblia. La voluntad de Dios para una situación específica nunca estará en contradicción con su voluntad general revelada en la totalidad de las Escrituras.

Haz que tus oraciones fluyan desde una vida arraigada en Cristo (Juan 15:7). Si como ramas de una vid estamos recibiendo de Cristo nuestro alimento, haciendo su voluntad y confesando rápidamente los pecados que bloquean nuestra relación con él, entonces sabremos por qué Dios quiere que oremos y confiaremos en las respuestas.

Dile a Dios lo que realmente deseas. La honestidad es crucial. Dios se interesa en las grandes oraciones por naciones enteras como por las pequeñas peticiones para tu deleite. Él se ocupa de tus deseos materiales tanto como de tus necesidades espirituales. Si le dices: "Padre, sé que esto es trivial, pero no puedo dejar de pensar en ello, y quisiera realmente que...", entonces Dios decidirá si otorgarte tu deseo o ayudarte a desecharlo. Reprimir la distracción solo consigue agravarla. Si pides algo que no debes, entonces Dios por su amor te lo concederá para darte una lección o simplemente no lo hará. Él es más grande que nuestros errores.

No exijas. La confianza para hacerle peticiones humildes y confiadas al Padre que nos ama no es igual que hacer arrogantes exigencias. Comprueba de vez en cuando si estás tratando de reclamar promesas con una actitud que demuestra que has olvidado quién está en el centro del universo, o que piensas saber las cosas mejor que él.

No pidas algo si no estás listo a actuar si Dios te pide que lo hagas. Cuando Jesús enseñó a sus discípulos a orar: "venga tu reino, hágase tu voluntad" (Mat. 6:10), implicaba que el reino vendría no solo si Dios lo disponía así, sino también que los discípulos tendrían que estar dispuestos a hacer su parte del trabajo. Si oras "hágase tu voluntad", te estás ofreciendo como voluntario para hacerlo.

10. ¿Por qué es necesario interceder?

> Y éste es mi mandamiento: que se amen los unos a los otros, como yo los he amado. Nadie tiene amor más grande que el dar la vida por sus amigos (Juan 15:12, 13).

> Ayúdense unos a otros a llevar sus cargas, y así cumplirán la ley de Cristo (Gál. 6:2).

Interceder significa estar entre, mediar, pedir en beneficio de otro. El trabajo redentor de Jesús se cumplió para siempre, pero su trabajo de intercesión por nosotros continúa (Heb. 7:25). De la misma forma, una de las maneras en que amamos a los demás tal como Cristo nos ama es intercediendo por ellos, llevando sus cargas ante Dios en oración.

Todas las otras maneras de orar comienzan con el hombre, pero la intercesión comienza con Dios. El espíritu

La oración 41

de Dios se mueve en tu corazón para invitar a Dios a arreglar las cosas (Rom. 8:26). La intercesión es necesaria porque, aunque Dios es soberano, él ha dado al hombre una voluntad libre. Él quiere hijos e hijas, no autómatas. Dios no necesita nuestra ayuda para mover el mundo, pero en su omnipotente sabiduría él ha planeado nuestra preparación para reinar con él (Apoc. 5:9, 10). Para hacer esto, él delega en sus siervos la autoridad para invitarlo a actuar. Cuando intercedemos, no debemos intentar cambiar su mentalidad, más bien debemos invitarlo a realizar la voluntad que nos ha revelado.

Dios le dijo a Ezequiel que él tendría que destruir Jerusalén porque:

> Yo he buscado entre ellos a alguien que se interponga entre mi pueblo y yo, y saque la cara por él para que yo no lo destruya. ¡Y no lo he hallado! (Eze. 22:30).

Esta es la tarea del intercesor: estar entre una persona y Dios, y rogar por su bendición; llevar a Cristo las penas y cargas demasiado pesadas para una persona. (Para otros ejemplos de intercesión ver: Gén. 18:16-33; Éxo. 32:9-14, 30-34; Sal. 106:23; Dan. 9:4-19; Juan 17:1-26; Ef. 1:15-23; 3:14-21; Fil. 1:9-11; Col. 1:9-14.)

11. ¿Cuándo y cómo debo interceder?

Cuando sientas una urgente necesidad en tu corazón, ora. Abre tus ojos y tu corazón a las necesidades de la gente que te rodea. El amor da y olvida el yo. Céntrate en las necesidades de otros y hazlas tuyas.

Cuando te sientas impotente, ora. El hombre en Lucas 11:5-8 no tenía pan para dar a su huésped, así que se dirigió a un amigo que sí tenía. Cultiva el sentido de que el poder de Dios se perfecciona en tu debilidad (2 Cor. 12:9). Cuando no puedas hacer otra cosa que orar, eso es lo más importante que puedes hacer.

No permitas que la oración sustituya a la acción.

Me temo que detecto dos razones mucho menos atractivas para la ligereza de mi propia oración intercesora. Una es que a menudo, creo, estoy orando por otros cuando debiera estar haciendo algo por ellos. Es mucho más fácil orar por un aburrido que ir a visitarlo. Y lo otro es parecido. Supón que oro para que tengas gracia para soportar tu obsesionante pecado... Bueno, todo el trabajo tiene que ser hecho por Dios y por ti. Si oro por mi propio obsesionante pecado, tendré mucho trabajo que hacer.[13]

Ora en verdadera unidad con otros.

Les digo que si dos de ustedes en la tierra se ponen de acuerdo sobre cualquier cosa que pidan, les será concedido por mi Padre que está en el cielo. Porque donde dos o tres se reúnen en mi nombre, allí estoy yo en medio de ellos (Mat. 18:19, 20).

Reunirse en el nombre de Jesús y estar de acuerdo en algo no es solo cuestión de sentarse juntos en la misma sala y decir "amén". Significa que un grupo de cristianos está unido en el mismo propósito, cada uno está comprometido con lo mejor para los demás, actúan juntos y están limpios de cualquier falta de perdón mutuo.

Confía en que Dios escucha y responde la oración.

Persiste y persevera.

Ora de acuerdo con la voluntad, el carácter y la autoridad de Cristo.

12. ¿EN QUÉ SE DIFERENCIA LA MEDITACIÓN CRISTIANA DE LA MEDITACIÓN DE LAS RELIGIONES ORIENTALES? La meditación practicada en las religiones orientales procura el vacia-

La oración

miento de la mente y la apertura espiritual a cualquier voz o influencia que surja. La meditación cristiana busca enfocar tu mente y abrirla a la voz de Dios y a ninguna otra.

La meditación cristiana es la disciplina que afirma tu corazón en lo que ya tienes en Cristo. Cuando te hiciste cristiano, la totalidad de Cristo vino a habitar en ti, la totalidad del Espíritu Santo y la totalidad del Padre. Todo lo que necesitas para capacitarte, para pensar y actuar como Cristo en todas las situaciones, está en tu corazón, donde vive Cristo (2 Ped. 1:3, 4).

En el pensamiento bíblico, el corazón es el centro de la persona, el manantial de sus asunciones, motivaciones, emociones y voluntad. Puedes estudiar la Biblia y memorizar volúmenes de hechos acerca de Dios y tu vida en Cristo, pero si estas cosas no pasan de tu cabeza al corazón, no influirán en tus hábitos o en la manera como te comportas en una crisis. Todo el poder está allí dentro de ti, todas las promesas están ahí en la Biblia, pero tienes que hacer algo para afirmarlas en tu corazón.

El Señor Jesús fue capaz de andar en medio de multitudes indignadas (Luc. 4:28-30), y los discípulos fueron capaces de resistir humildemente las amenazas de muerte (Hech. 4:1-31), porque sabían en lo más profundo de sí mismos quiénes eran y quién era Dios. Esta clase de conocimiento, enraizado en nuestro interior, conduce a la paz y es el fruto de la meditación en Dios y su Palabra.

> En mi corazón atesoro tus dichos,
> para no pecar contra ti.
> ¡Cuánto amo yo tu ley! todo el día medito en ella.
> En toda la noche no pego los ojos, para meditar
> en tu promesa (Sal. 119:11, 97, 148).

Los cristianos usan la palabra meditación para describir dos cosas ligeramente distintas. La primera es el pensamiento dirigido y concentrado con el cual reflexionas en un pasaje de las escrituras para sacarle toda su sustancia. La segunda es una forma de oración. Se asemeja a la meditación en las Escrituras en que su intención es tranquilizar suficientemente tu cerebro para permitir que la Palabra de Dios penetre en tu corazón:

> Si se enojan, no pequen;
> en la quietud del descanso nocturno
> examínense el corazón (Sal. 4:4).

> Quédense quietos, reconozcan que yo soy Dios
> (Sal. 46:10).

Aquí la palabra quietos significa "dejar pasar", "cesar", "estarse tranquilo". Cuando nos sentimos airados (ansiosos, disgustados o inseguros), Dios no pretende que suprimamos nuestras emociones. Eso puede hacernos externamente callados, pero no interiormente quietos. En vez de eso, él quiere que busquemos en nuestro corazón ("meditar" en la RV.), y lo expongamos a su mirada, permitiendo que lo que él tenga que decirnos nos transforme. Lo que recomendamos a continuación, que sigue el esquema de los Salmos, es una manera de hacerlo; puedes llamarlo "meditación" o "estar quieto ante Dios".

Confiesa y libérate de temores, tensiones y distracciones. No es fácil librarte de las distracciones. Mientras más intensamente intentas no pensar en tu próxima fecha de vencimiento o en tu dolor de cuello, lo más probable es que esas distracciones se arremolinen y te arrastren corriente abajo. Esta es la razón por la que muchos salmistas comenzaban confesándole al Señor los pensamientos que los distraían y las preocupaciones (Sal. 10:1-11; 22:1-2, 6-8, 12-18; 42:1-5; 63:1; 73:2-14; 74:1-8; 102:3-11; etc.).

Confesar y escapar de tus distracciones puede tomarte cinco minutos o media hora. Puedes sostener varias sesiones de oración antes de llegar al punto en el

La oración

que las distracciones se aquieten lo suficientemente como para seguir molestándote. Si te resulta difícil concentrarte durante la oración, practica durante todo el día disciplinar tu mente para que se concentre en Dios.

Concéntrate en lo que Dios es. Después de confesar honestamente sus sentimientos, los salmistas continuaban confesando lo que de Dios sabían con certeza. Esto tomaba la forma de una alabanza a la medida de los sentimientos que los atormentaban (Sal. 22:23; 42:5-11). Al afirmar la verdad que se aplica y aquietar tus sentimientos, húndete en la presencia del Dios al cual alabas. Deja que la alabanza te conduzca a la adoración.

Abre tu corazón, dirígete espiritualmente al sitio donde el Espíritu de Dios mora en ti, y bebe allí, de él.

> Jesús se puso de pie y exclamó: —¡Si alguno tiene sed, que venga a mí y beba! De aquel que cree en mí, como dice la escritura, brotarán ríos de agua viva. Con esto se refería al Espíritu... (Juan 7:37-39).

Observa la secuencia en el Salmo 63. Confesión de los sentimientos, entrada en la presencia de Dios con alabanza que afirma las verdades acerca de él y celebración en su presencia:

> Oh Dios, tú eres mi Dios; yo te busco intensamente.
> Mi alma tiene sed de ti, todo mi ser te anhela,
> cual tierra seca, extenuada y sedienta.
> Te he visto en el santuario y he contemplado
>   tu poder y tu gloria.
> Tu amor es mejor que la vida;
>   por eso mis labios te alabarán.
> Te bendeciré mientras viva,
>   y alzando mis manos te invocaré.
> Mi alma queda satisfecha
>   como de un suculento banquete,

> y con labios jubilosos te alabará mi boca.
> En mi lecho me acuerdo de ti;
> > pienso en ti toda la noche (Sal. 63:1-6).

Ríndete. Después de la confesión y la alabanza, los salmistas podían ver su situación en perspectiva. Ellos y sus enemigos se veían muy pequeños comparados con la grandeza de Dios, así que confiadamente se rendían a su voluntad.

> ¿A quién tengo en el cielo sino a ti?
> Si estoy contigo, ya nada quiero en la tierra.
> Podrán desfallecer mi cuerpo y mi espíritu,
> pero Dios fortalece mi corazón;
> él es mi herencia eterna (Sal. 73:25, 26).

> SEÑOR, mi corazón no es orgulloso,
> > ni son altivos mis ojos;
> no busco grandezas desmedidas,
> > ni proezas que excedan a mis fuerzas.
> Todo lo contrario:
> he calmado y aquietado mis ansias.
> Soy como un niño recién amamantado
> > en el regazo de su madre.
> ¡Mi alma es como un niño recién amamantado!
> Israel, pon tu esperanza en el SEÑOR
> > desde ahora y para siempre (Sal. 131).

Escucha.

> Espero al SEÑOR, lo espero con toda el alma;
> en su palabra he puesto mi esperanza.
> Espero al SEÑOR con toda el alma,
> más que los centinelas la mañana.
> Como esperan los centinelas la mañana,
> así tú, Israel, espera al SEÑOR porque en él hay amor
> inagotable; en él hay plena redención (Sal. 130:5-7).

La oración

En 1 Reyes 19:11-13, el Señor no habla en el viento huracanado ni en el terremoto, sino en el "silbo apacible". Confesar las distracciones, meditar en las verdades acerca de Dios y rendirnos a su voluntad, debe conseguirnos la quietud necesaria para escuchar ese silbo apacible. Dedica algunos minutos para esperarlo en silencio. Él puede hablarnos en las Escrituras o en palabras o sentimientos distintos o puede mantenerse en silencio. Solo disfruta atentamente de su presencia.

Si después de un breve período no escuchas nada, sigue adelante. Si escuchas algo, anótalo y pruébalo con el método de las páginas 129-132, antes de actuar según lo escuchado. Tu psiquis es tan poderosa y tu corazón tan engañoso que pueden fabricar "palabras del Señor" si las deseas con suficiente fuerza. Mientras más tiempo estés a la escucha silenciosa, más oportunidades tendrá tu corazón para engañarte. No trates de escuchar algo si el Señor no está hablando; eso es adivinación, una forma de hechicería.

Si nunca has escuchado nada durante estos momentos, todavía podrás utilizar la reserva de paz que Dios te concede cuando viene a habitar en ti. Es incalculable el valor que tiene permanecer tranquilo ante el Señor y meditar en sus verdades para conseguir la paz, una de las evidencias del fruto del Espíritu Santo (Gál. 5:22).

13. ¿Con qué frecuencia debo orar? Debes depender de la oración para sobrevivir. Es vital para crecer en la fe y para evitar caer en picada emocionalmente. Como una rama depende de la vid para vivir, así el tiempo dedicado a Dios y al estudio de la Biblia nos alimenta (Juan 15). Jesús estaba siempre muy ocupado y sabía que debía orar.

14. ¿Qué debo hacer si mi oración parece estéril?

Existe el grave peligro de ser seducido por el deseo de perfección en la oración cuando estamos lejos de alcanzarla. Cuando la oración es estéril, en lugar de rendirnos debemos hacer un mayor acto de fe y continuar orando. Debemos decirle a Dios: "estoy cansado, realmente no puedo orar; acepta, Señor, esta monótona voz y estas palabras de oración y ayúdame". Es el Espíritu Santo quien a su debido tiempo llenará la paciente y fiel oración con el sentido y la profundidad de una nueva vida. Es en esos momentos de abatimiento que debemos usar nuestra voluntad para estar en la presencia del Señor. Debemos orar desde la convicción y no desde las emociones, desde la fe que sabemos que tenemos, con el intelecto, si no podemos hacerlo con un corazón ardiente.[14]

15. ¿Qué debo hacer si me siento indigno para dirigirme a Dios? Comienza con la confesión y después atrévete a acercarte a Dios con tus peticiones, en la convicción de que Jesús ha logrado el acceso.

Mientras más abatidos nos sentimos, mayor es la necesidad de orar. Seguramente eso fue lo que un día sintió Juan de kronstadt mientras oraba, observado por un demonio que le susurraba: "Hipócrita, cómo te atreves a orar con esa mente inmunda, llena de los pensamientos que estoy viendo en ella". Él respondió: "Precisamente, porque mi mente está llena de pensamientos que detesto y contra los que lucho, es que estoy orando a Dios".[15]

Notas

1. R. Loren Sanford, *Birthing the Church* (La iglesia que nace) (South Plainfield, N.J.: Bridge Publishing Company 1984), páginas 67-69.
2. Warren and Ruth Myers, Praise: *A Door to God's Presence* (La alabanza: una puerta a la presencia de

Dios) (Colorado Springs, Colo.: NavPress, 1987), página 14.
3. Myers, página 11.
4. C. S. Lewis, *Reflections on the Psalms* (Reflexiones sobre los Salmos) (London: Collins, 1967), página 79.
5. Lewis, *Reflections* (Reflexiones), página 81
6. Myers, páginas 9-10.
7. C. S. Lewis, *Letters to Malcolm: Chiefly on Prayer* (Cartas a un diablo novato: especial sobre la oración) (New York: Harcourt Brace Jovanovich, Inc., 1963, 1964), páginas 32-34.
8. C. S. Lewis, *Letters to Malcolm* (Cartas a un diablo novato), página 52.
9. C. S. Lewis, *Letters to Malcolm* (Cartas a un diablo novato), página 60.
10. C. S. Lewis, *Letters to Malcolm* (Cartas a un diablo novato), página 53
11. Metropolitan Anthony Bloom, *Living Prayer* (Oración viva) (Springfield Ill.: Templegate Publishers, 1966), página 81.
12. Bloom, página 93.
13. C. S. Lewis, *Letters to Malcolm* (Cartas a un diablo novato), página 66
14. Bloom, página 90-91.
15. Bloom, página 91.

Cómo tener momentos de quietud efectivos

1. ¿Qué es un momento de quietud? *Momento de quietud* es el nombre que muchos cristianos dan al tiempo diario que usan para dialogar con Dios. También se le conoce como devocional personal, cita con Dios, etc. Como Dios es tu fuente de vida, verdad y gozo, tendrás ansias de pasar algún tiempo con él cada día. Tener un tiempo de quietud con Dios a diario es muy importante para:

➤ obtener dirección de Dios;
➤ crecer en amor y conocimiento personal de Dios;
➤ llegar a ser más semejante a Dios.

Los dos elementos principales de un momento quieto son la oración y la lectura de la Biblia.

2. ¿Qué debo hacer en mi momento de quietud?
Comienza con las actitudes adecuadas.

Espera ser gloriosamente enriquecido por el tiempo pasado con el Rey del universo, tu Padre amante.

Acércate a él reverentemente, sin prisas; tómate el tiempo necesario para aquietarte.

Está atento. Despiértate completamente. Duerme lo suficiente de manera que puedas concentrarte.

Comprométete a obedecer lo que Dios te diga, no importa lo que sea.

Selecciona un lugar donde puedas estar solo. Si te cuesta concentrarte, necesitas estar en una habitación cerrada. Si estás en un salón muy lleno puedes mover tu asiento hacia la pared. Haz lo que sea necesario para encontrar un sitio donde puedas concentrarte para escuchar a Dios.

Cómo tener momentos de quietud efectivos 51

Escoge un momento cuando puedas estar atento. El primer momento de la mañana es una buena ocasión porque permite que el momento de quietud establezca el tono para tu día. Sin embargo, si estás medio dormido o frenético por la mañana pero atento y tranquilo al mediodía, planea el momento quieto con Dios cuando puedas prestarle la mayor atención. Asegúrate de que ningún imprevisto lo estropee. Haz un compromiso con Dios para que durante las próximas seis semanas nada tenga prioridad sobre tu momento quieto con él.

Comprométete a ir a la cama a la hora adecuada para asegurarte de descansar lo suficiente y así estar totalmente atento a Dios. Si has determinado que tu tiempo con Dios tiene la prioridad sobre el que pasas con amigos o mirando la televisión, seguramente podrás conseguirlo.

Establece la cantidad de tiempo semanal que puedas dedicarle. La constancia es crucial aun si al principio solo puedes dedicarle diez minutos.

Encuentra el equilibrio entre la estructura y la flexibilidad. No existe un modelo único para el momento de quietud. Un poco de estructuración ayudará a aprovechar el tiempo, mientras que la variedad evitará el aburrimiento.

Divide el tiempo en porciones iguales de lectura bíblica y oración; sin embargo, habrá días en los que tengas tanta necesidad de orar que sin duda invertirás más tiempo en ello. Y en otros, Dios te hablará tan claramente en las Escrituras que no querrás dejarlas. De todas maneras, debes establecer alguna clase de equilibrio.

Fundamenta tu oración en la Palabra y satura tu lectura bíblica con oración. Por ejemplo: antes de leer, pídele a Dios que te capacite para entender lo que está escrito y escucha lo que él quiera decirte. Mientras lees, escucha lo que se va revelando acerca de Dios y cómo se aplica a tu vida. Al terminar, alaba a Dios por lo que has leído acerca de él y agradécele lo que ha hecho, pídele la gracia de poder cumplir lo que el pasaje indica e invítalo a que lo haga real en tu vida y en las de los demás. Usa el pasaje como base para tus peticiones, intercesión y alabanza.

Escribe. Marca tu Biblia o escribe notas al leer. Una manera sencilla de hacerlo es seleccionar una verdad y concentrarte en ella durante el día. Escríbela o subráyala como base para tu tiempo de oración.

Muchos encuentran de utilidad hacer una lista con los asuntos o las personas por los que han de orar. A medida que las oraciones sean contestadas, puedes marcarlas en la lista para recordar el ardiente deseo de Dios por responder las oraciones. Una lista puede ser muy valiosa, pero debes reorganizarla o dejarla de lado por un tiempo si se convierte en una carga.

Sé disciplinado. El diablo se aparecerá con docenas de excusas para evitar que tengas tu tiempo de encuentro con Dios, para conseguir de su poder y obedecerle. Satanás te convencerá de que estás muy cansado, o que existe alguna emergencia que debes atender, o tu mente se puede distraer en algún asunto importante; si lo dejas, te mantendrá despierto hasta muy tarde en la noche. Diariamente debes pedirle a Dios fuerzas para resistir las distracciones, descansar lo suficiente y acudir a tu cita con él.

Algunos planes sencillos.[1]
Plan A
➤ Permanece tranquilo un momento ante Dios (Sal. 46:10).
➤ Pídele a Dios que limpie tu corazón y guíe tu tiempo (Sal. 119:18; 139:23, 24).
➤ Lee lentamente, varias veces, una porción de la Biblia y por lo menos una vez en voz alta. (Esta sección debe ser la siguiente en tu plan sistemático para leer toda la Biblia.) Medita en el pasaje y escoge un versículo para memorizar.

Cómo tener momentos de quietud efectivos

➤ Escribe lo que Dios te ha mostrado.
➤ Alaba por un momento a Dios por quien él es.
➤ Cuéntale sobre algún pecado con el que estés luchando y pídele el poder para abandonarlo. Pregúntale qué debes hacer.
➤ Ora por las necesidades que tienes en tu lista.
➤ Entrégate y entrégale tu día al Señor.

Plan B
➤ Ora brevemente por tu momento de quietud, pídele a Dios que te ilumine y conduzca. Recuérdale que tu meta es encontrarte con él y conocerlo mejor.
➤ Alaba a Dios. Usa 1 Crónicas 29:11, 12 como base.
➤ Lee un capítulo o más y escoge un versículo favorito.
➤ Utiliza las ideas en tu versículo favorito como punto de partida en la oración por cada uno de los elementos en tu lista.
➤ Dedica tu día al Señor y ora por algunos de sus detalles.
➤ Concluye con una acción de gracias.

Plan C
➤ Lee el Salmo 143:8-10 como una oración.
➤ Ora por una mayor ansia de Dios y por conocerlo mejor.
➤ Repasa los versículos memorizados.
➤ Agradece alguna bendición especial; haz una lista de las cosas por las que estás agradecido.
➤ Lee la Palabra y medita en oración, escribiendo uno o dos pensamientos.
➤ Utiliza el Padre Nuestro como base desde la cual ramificar tu oración por ti y por otros.

3. ¿QUÉ SI MI TIEMPO DE QUIETUD PARECE ESTÉRIL?
Descansa lo suficiente.

Examínate para saber si estás siendo desobediente.
Si algunas semanas atrás Dios te pidió algo y no lo has

hecho, o si estás practicando algún pecado sin tratar de abandonarlo, entonces Dios no te dirá nada nuevo hasta que actúes sobre lo que ya te ha dicho.

No te apresures.

Evita la rutina. ¿Estás reuniéndote con una persona o con un hábito? ¿Lo que haces es un ejercicio para complacer las demandas de Dios o para sentirte una persona virtuosa, o es una oportunidad para encontrarte con el Señor viviente a quien amas?

Comparte con otros lo que has aprendido.

Libros sobre los momentos de quietud

Canclini, A. *Junto a Jesús cada día*. El Paso, Texas. Editorial Mundo Hispano, 2002.

Cowman, C. E. *Manantiales en el Desierto*. El Paso, Texas. Editorial Mundo Hispano, 1998.

Foster, R. J. y Smith, J. B. *Devocionales clásicos*. El Paso, Texas. Editorial Mundo Hispano, 2004.

McDowell, J. y Johnson, K. *Devocionales para la familia*. El Paso, Texas. Editorial Mundo Hispano, 2005.

Stanley, C. *El camino hacia una vida mejor*. El Paso, Texas. Editorial Mundo Hispano, 2000.

Swindoll, C. R. *La búsqueda del carácter maduro*. El Paso, Texas. Editorial Mundo Hispano, 2004.

Guía de lecturas bíblicas diarias (calendario anual). El Paso, Texas. Editorial Mundo Hispano.

Nota

1. Myers, W. y R. *Pray: How to Be Effective in Prayer* (Oración: Cómo orar eficientemente) (Colorado Springs, Colo.: NavPress, 1983), página 146.

La tentación

1. ¿Tienta Dios a las personas para que pequen? En la Biblia se utiliza la misma palabra para prueba y tentación. Dios prueba a su pueblo para demostración y fortalecimiento de su fe, confianza y lealtad. Las pruebas fortalecen los músculos espirituales y nos convierten en personas listas para el cielo. Sin embargo, la meta de Satanás es tentarnos en esas pruebas para dañar nuestra confianza y conducirnos a la desesperación y la rebeldía. Él utiliza los deseos orgullosos para inducirnos a pecar. En realidad, nos tentamos a nosotros mismos a pecar cuando, con la ayuda de Satanás, jugamos con nuestros deseos corruptos. Dios nunca nos tienta a pecar, pero para nuestro bien él utiliza circunstancias que sabe servirán para probarnos (Ver Stg. 1:2-18; 1 Ped. 1:6, 7.)

Nuestra meta es hacernos más fuertes en las pruebas y no desmoronarnos ante ellas. Ceder, aunque sea una vez, debilita nuestra capacidad para resistir en la siguiente ocasión (damos un paso hacia la esclavitud), estropea nuestra intimidad con Dios y anima a otros a deshonrarlo.

2. ¿Cómo puedo resistir la tentación de pecar?
Enfrenta el hecho de que estás siendo tentado a pecar. Identifica la clase de tentación. Puede ser:

➤ persecución (empujarte a renunciar a Cristo);
➤ deseo ilícito (seducirte a ser indulgente con la lujuria sexual, la avaricia, la codicia, la glotonería, el deseo de poder, la ambición, etc.);
➤ circunstancias frustrantes (inducirte a la desesperación, a rendirte, al cinismo, o a la ira).

Aprende la diferencia entre necesidades y deseos.
Necesitas amor sin condiciones y la dignidad de trabajar en una tarea realmente importante; necesitas saber que tu supervivencia está asegurada. Dios es el único que puede satisfacer esas necesidades; lo ha prometido y él mantiene sus promesas. Confiadamente puedes soportar la persecución física, sabiendo que, aun cuando tu vida física esté amenazada, tu vida espiritual estará segura. Puedes resistir las presiones emocionales porque, aunque todos te rechacen, Dios proveerá todo el amor y respeto que necesites. Aun si las circunstancias están frustrando tus objetivos, no tienes que desesperarte ya que son solo tus deseos los afectados y no tus necesidades. Dios se ocupa de que sus metas sean conseguidas. Puedes negarte a la seducción del poder cuando estás convencido de que pertenecer a Dios es lo realmente importante; puedes resistir los deseos peligrosos (sexo, comida, posición, etc.) si sabes que no necesitas utilizarlos cuando estás anhelando amor o respeto. Puedes desear cosas (algunas legítimas como seguridad física y respeto de los demás, u otras excesivas como ansiar un placer desmesurado o ser admirado por todo el mundo), pero cuando sientas la fuerza de su presión, sabrás entonces que no los necesitas para vivir.

Pon tus ojos en Jesús. Medita sobre cómo Jesús trató con éxito sus tentaciones a ser indulgente con los deseos ilícitos y a derrumbarse ante el sufrimiento (Mat. 4:4-11; Luc. 22:39—23:49; Heb. 12:2-4).

Pídele a Dios el poder para resistir. Admite tu incapacidad, pero confía en Dios quien te fortalecerá si humildemente dependes de él (1 Cor. 10:13).

Decídete a resistir. Sabiendo que Dios no te abandonará, entrega tu voluntad.

Huye o permanece firme. Huye de las pasiones (2 Tim. 2:22). Manténte alejado de las situaciones que sabes te tentarán en tus puntos débiles. Si accidentalmente te encuentras con una, corre (Gén. 39:7-12). No es valentía el quedarse, solo una demostración de estupidez arrogante.

Por otra parte, resiste ante la persecución, pues huir de la persecución es capitular ante el mal, comprometiendo el evangelio.

En cuanto a las circunstancias frustrantes, evítalas si puedes hacerlo sin comprometerte moralmente o resiste si no puedes conseguirlo. Por ejemplo: un matrimonio o la posición en un equipo es un compromiso que no podrás abandonar sin traicionar la confianza depositada en ti o rompiendo una promesa. No dejes que, con tal de protegerte, la frustración te tiente a traicionar a otros.

Únete con otros que luchan la misma batalla. Uno de los objetivos de la comunión cristiana es ayudarse mutuamente para resistir al pecado. Reúnete regularmente con un grupo de creyentes en los que confías y hablen, y oren juntos acerca de las tentaciones que están confrontando. Ayúdense mutuamente y confiesen cuando fracasen.

Medita en el premio que espera a los vencedores. Estudia y memoriza pasajes de las Escrituras acerca de la esperanza de la vida eterna y la gloria de reinar con Cristo. (Ver Rom. 8:18-39; 1 Cor. 15:50-58; Apoc. 5:9, 10.)

Regocíjate pues la prueba es temporal y la victoria está garantizada. No te atormentes por la culpa si fallas; simplemente levántate y continúa luchando. Dios lo tiene todo bajo control, te ama y te perdona aunque llegaras a fracasar.

Cómo depender de Dios

¿Qué significa depender de Dios en mi vida diaria?

> Yo soy la vid y ustedes son las ramas. El que permanece en mí, como yo en él, dará mucho fruto, separados de mí no pueden ustedes hacer nada (Juan 15:5).

> ...lleven a cabo su salvación con temor y temblor, pues Dios es quien produce en ustedes tanto el querer como el hacer para que se cumpla su buena voluntad (Fil. 2:12, 13).

Básicamente, hay cuatro maneras de vivir la vida cristiana.[1]

1. Por tus propios esfuerzos y voluntad. Podemos realizar mucha actividad cristiana y tener un éxito aparente, pero con frecuencia experimentaremos ansiedad, estrés y una falta del verdadero fruto del Espíritu (Gál. 5:22, 23). Nuestra relación con otros se estropeará si somos orgullosos en nuestro esfuerzo.

2. "Déjalo, ya lo hará Dios". El otro extremo es que no hagamos nada. No nos sentiremos presionados pero tampoco haremos nada de lo que Dios espera lograr por medio de nosotros.

3. "Señor, ayúdame". Allí en lo profundo, donde realmente importa, sentimos que podemos manejar nuestra vida cristiana solo hasta un punto, después del cual necesitaremos la ayuda de Dios. En la mañana oramos por su ayuda, pero entonces, durante el resto del día, hacemos todo por nosotros mismos. Clamamos al Señor cuando tropezamos con alguna crisis; es como si nos encontrára-

Cómo depender de Dios

mos con un tronco demasiado pesado para levantarlo y dijéramos: "Señor, si lo tomas por un extremo, yo lo cogeré por el otro y juntos lo levantaremos".

4. Dependencia activa y constante. Sabemos que en todos los aspectos de la vida lo que necesitamos realmente es la capacitación de Dios y no solo su ayuda. Oramos por ello constantemente y nuestra oración es: "Señor, si tengo que levantar este tronco, tienes que hacerme capaz de conseguirlo. Todo parece indicar que tendré que hacerlo. Y todo parece indicar que si lo levanto, y lo estoy levantando, lo hago solo porque tú me has dado toda las fuerza necesaria para hacerlo".

La diferencia entre (3) y (4) es que la confianza parcial enfrenta a la confianza total; si no tenemos cuidado podemos deslizarnos desde esta última a la anterior. La diferencia entre (2) y (4) es que en esta última estamos utilizando todas las facultades que Dios nos ha concedido para un esfuerzo consciente de servicio.

> Con este fin trabajo y lucho fortalecido por el poder de Cristo que obra en mí (Col. 1:29).

Es la actitud de nuestro corazón, no lo que decimos acerca de la dependencia total de Dios, lo que hace la diferencia en los frutos que llevamos.

Nota

1. Jerry Bridges, *The Crisis of Caring* (La Crisis del Cuidado) (Colorado Springs, Colo.: NavPress, 1985), página 35. Mucho de esta explicación ha sido extraído de Bridges, páginas 35-41.

Cómo conocer la fe

¿Qué es el evangelio?

La palabra evangelio quiere decir "buenas noticias". El evangelio son las buenas noticias que Dios ha anunciado acerca de su Hijo (Rom. 1:1-3). Estas noticias incluyen lo siguiente:

1. Se han cumplido las profecías del Antiguo Testamento sobre el Rey que vendría. Jesús ha venido al mundo para rescatar a la gente "de la potestad de las tinieblas" y traerlos a su Reino (Col. 1:13).

2. Todo el mundo merece la ira de Dios porque nos hemos rebelado contra su autoridad. Aun cuando intentamos complacerlo, fracasamos porque nuestro corazón es corrupto y rebelde (Rom. 1:18—3:20). A causa de nuestra rebelión, estábamos espiritualmente muertos y bajo el control de Satanás; pero a causa de su gran amor por nosotros, Dios el Padre mandó a su Hijo Jesús para cargar nuestra culpa y nuestro pecado en la cruz, para reconciliarnos consigo mismo (Rom. 3:21-5:21; Ef. 2:1-7).

3. Jesús fue un hombre totalmente, nacido del linaje real de David, y totalmente Dios como el Hijo de Dios (Rom. 1:3, 4), así que fue capaz de ser el perfecto sacrificio y el puente entre Dios y el hombre (ver expiación).

4. Jesús fue crucificado, murió, fue sepultado y se levantó de entre los muertos según las profecías (Mat. 27:27—28:15; 1 Cor. 15:1-8). Su resurrección prueba que realmente él era Hijo de Dios y que él realmente venció la muerte por causa nuestra.

5. Jesús está ahora exaltado con el Padre y es Señor de toda la creación (Ef. 1:20-23, Fil. 2:9-11).

6. Jesús regresará a la tierra para juzgar al mundo y completar su plan eterno (Mat. 16:27; 1Tes. 4:13-18).

7. Cualquiera que acuda a Jesús para ser salvo y se someta a él como Señor será liberado de la esclavitud del mal y el temor, protegido de la condenación, nacerá de nuevo y será recibido en la familia de Dios, disfrutando de todas las bendiciones de la vida eterna y la intimidad con el Padre (Rom. 8:1, 2, 15-17; 10:9-13; Ef. 1:3-14; Heb. 2:14, 15).

¿Qué hay en la Biblia?

El Antiguo Testamento. Un testamento o pacto es un acuerdo entre dos partes que define la relación entre ellas. El Antiguo Testamento es el registro de los tratos de Dios con Israel bajo el viejo pacto. El nuevo pacto sustituye al viejo en muchos aspectos, pero el viejo permanece como fundamento del nuevo. No podrás comprender cabalmente quién es Dios y qué fue lo que consiguió Cristo sin entender el Antiguo Testamento. Generalmente hemos dividido los libros del Antiguo Testamento según a la división tradicional judía.

La ley/Enseñanzas de Moisés
(libros que definen a Dios como Rey y Padre en su
relación de pacto con Israel)

Génesis (el nombre significa "comienzo") nos habla de cómo se inició la relación entre Dios y el hombre. Presenta a Dios como el Creador, concepto clave sobre quién es él. También muestra los inicios del hombre y la mujer, del pecado y la muerte, y del plan de Dios para redimir a los humanos de la catástrofe del pecado. Génesis traza la historia de la familia escogida por Dios —los descendientes de Abraham a través de Jacob, Israel— desde sus orígenes hasta la entrada a Egipto. Todos los temas fundamentales de la Biblia tienen su raíz en Génesis.

Génesis es un libro narrativo; cuenta principalmente acontecimientos acerca de personajes reales; sus tentaciones, trato familiar y acciones ejemplifican lo que la gente es, cómo Dios trata con ellos y cómo debemos actuar o no en circunstancias semejantes.

Éxodo ("salida") nos cuenta como Dios liberó a Israel de la esclavitud en Egipto y pacta con el pueblo que sería su Dios si ellos se sujetan a él lealmente. Esta historia revela el amor y el poder de Dios y ayuda a comprender como él nos ha liberado de la esclavitud del pecado. Éxodo contiene el primer enunciado de las leyes que el Rey dio a sus súbditos para que pudieran ser una sociedad justa, compasiva y ordenada. Estas leyes contienen para nosotros valiosos principios de amor y justicia. Las instrucciones para construir el Tabernáculo (la tienda real morada de Dios en medio de Israel), nos enseñan cómo adorar a un Dios santo y apuntan a lo que Cristo ejecutaría.

Levítico instruye a los sacerdotes (de la tribu de Leví) sobre el modo de realizar los distintos sacrificios para Dios. Estas regulaciones describen gráficamente lo que Jesús consiguió cuando se sacrificó a sí mismo para restablecer nuestra relación con el Dios Santo. Otras leyes sobre la limpieza y pureza moral nos ayudan a captar lo que implica la santidad radical.

Números nos muestra a Israel a punto de heredar todo lo que Dios tenía que ofrecerle, pero perdiéndolo todo a causa de su infidelidad. Una generación completa vaga y muere en el desierto entre Egipto y la tierra prometida, sin embargo, Dios muestra su fiel amor sosteniendo al pueblo de manera que la generación siguiente pueda recibir la herencia. Números retrata a un Dios que responde al pecado humano con un perfecto equilibrio entre la justicia y el amor.

Deuteronomio contiene las últimas palabras de Moisés para Israel antes de su muerte. Es un conmovedor llamado a la fidelidad y un resumen del viejo pacto —cómo se espera que el pueblo de Dios se comporte con Dios y con los demás pueblos—. Deuteronomio es uno de los libros más citados por Jesús en los evangelios porque él traslada muchos de sus principios al nuevo pacto.

Los Profetas anteriores
(libros que evalúan la historia de Israel a la luz del pacto)

Josué nos cuenta cómo Dios cumplió su promesa de entregar Canaán a Israel. Está lleno de lecciones para nosotros sobre la obediencia, la santidad, la unidad, el valor y la habilidad de Dios para cumplir lo que promete. Josué ilustra conceptos tales como la herencia y el reposo que aparecen nuevamente en el Nuevo Testamento.

Jueces narra la falta de buenos líderes en Israel después de la muerte de Josué, de manera que "cada uno hacía lo que le parecía bien" (17:6). Llega entonces un período de desmoralización, caos político, opresión de los enemigos y el clamor del pueblo por su liberación. Vemos que el Señor no tolera el pecado, ni siquiera en sus hijos, pero que está siempre esperando para liberarlos cuando realmente se arrepienten, se humillan y le obedecen. Vemos el caos que viene cuando el hombre solo cuenta consigo mismo.

Rut forma parte de las Escrituras en el canon judío, pero las Biblias cristianas lo colocan a continuación de Jueces porque la historia que narra se ajusta a esta época. Es una hermosa historia de amor y lealtad en medio de la época infiel de los jueces. Muestra cómo la gente sencilla que vive fielmente, puede conseguir grandes cosas para Dios, cómo él se ocupa de nuestras penas y alegrías cotidianas y cómo escogió a una extranjera viuda y pobre para que fuera uno de los antepasados del rey David y de Cristo.

Primero y Segundo de Samuel trazan la historia de Israel desde su punto más bajo al final del período de los Jueces hasta la cumbre del triunfo de David y la tragedia de sus años posteriores, causada por sus fracasos como hombre y padre. Aquí aprendemos por qué Dios concede un rey a Israel y qué clase de hombre el Señor quiere para dirigir a su pueblo. David, el precursor de Cristo como Rey, es resaltado en todos sus éxitos y fracasos. Él nos muestra cómo debe ser un hombre que busca el corazón de Dios.

Primero y Segundo de Reyes evalúan a cada uno de los sucesores de David y a la nación como un todo sobre la base de su fidelidad al pacto con Dios. La división y el colapso de Israel y de Judá, a causa de la idolatría y la inmoralidad, ilustra que el bienestar de la nación dependía de su fidelidad al pacto; y que los líderes no han de ser evaluados por sus éxitos mundanos sino por cuán bien representen ante el mundo la pureza y la santidad de Dios. No obstante, Dios protege el linaje real de David no por las virtudes de los hombres, sino porque él es fiel a su promesa de enviar a un descendiente de David para ser el Cristo.

Los Escritos
(libros de narración, drama y poesía dados por Dios a Israel)

Primero y Segundo de Crónicas recuentan los reinos de David, Salomón y los reyes de Judá hasta su destrucción. Estos libros están enfocados en la importancia de adorar a Dios y de vivir en fidelidad a su Palabra. También describen a los buenos reyes precursores del Mesías.

Esdras y Nehemías nos dicen cómo Dios restableció en la tierra prometida a los judíos exiliados y los capacitó para reconstruir Jerusalén y el templo a pesar de los obstáculos. Estos libros son un tributo a la asombrosa fidelidad de Dios y al coraje de unos pocos creyentes comprometidos.

Ester muestra cómo Dios salva a su pueblo de otra amenaza de destrucción colocando a una mujer y a su primo en posiciones clave. Su valor y fidelidad son ejemplos para nosotros.

Job es un drama sobre el sufrimiento de un hombre que ama y obedece a Dios. Trata preguntas como: ¿Por qué Dios permite el sufrimiento? ¿Realmente es Dios amante, justo y poderoso como dice la Biblia? ¿Servirán y confiarán los hombres en Dios aun cuando ello parezca sin sentido?

Los Salmos constan de 150 cantos de alabanza y petición a Dios. Los salmistas expresan sus sentimientos a Dios, los cuales van desde lo más profundo de la desesperación hasta las cimas de la exaltación. Sus palabras nos consuelan, fortalecen, iluminan y levantan para que adoremos a Dios en cualquier circunstancia.

Proverbios nos enseña cómo conseguir sabiduría, entendimiento y una vida moralmente disciplinada. Muchos proverbios tratan de asuntos de negocios, las relaciones, el entretenimiento y hasta de los hábitos alimenticios.

Eclesiastés contiene el diario y las conclusiones de un hombre que busca la felicidad en los sitios equivocados.

El Cantar de los Cantares celebra la belleza, el poder y el valor del amor humano en una relación marital comprometida. Describe el amor apasionado entre Dios y su pueblo.

Los Profetas Posteriores
(libros escritos por profetas que evalúan su situación presente y preven el futuro a la luz del pacto)

Los profetas describen gráficamente cómo se siente Dios y lo que hace cuando lo ignoramos. También promete lo que él hará (finalmente por medio de Cristo) cuando nos volvamos a él humildemente.

Isaías es el profeta más citado en el Nuevo Testamento. Por medio de él, Dios revela la visión total de su plan para juzgar a Israel por su pecado y, sin embargo, al final, salvar al mundo entero. Isaías profetiza con precisión el carácter y la misión de Jesucristo.

Jeremías llama a Judá al arrepentimiento para detener la destrucción del juicio venidero. También revela sus luchas íntimas con Dios. Jeremías promete que, aunque el juicio seguirá al pecado, un remanente fiel será librado por el Mesías bajo un nuevo pacto.

Lamentaciones es una serie de cinco lamentos poéticos sobre la caída de Jerusalén. (Los judíos consideran este libro como parte de los escritos, pero los cristianos lo incluyen con los profetas.) El autor, Jeremías, llora sobre su ciudad destruida, aunque reconoce que Dios ha tratado a Jerusalén tal como merecía su maldad. Jeremías también sabe esto porque Dios es Señor de esperanza, amor, fidelidad y salvación. Él responderá al arrepentimiento de su pueblo.

Ezequiel explica las maneras de actuar de Dios con la gente dura de cerviz. Anima a los tristes exiliados diciéndoles que Dios no los ha olvidado y da un anticipo de la venida del Mesías, el Espíritu Santo, el perdón de los pecados y el Reino de Dios. Como Jeremías, Ezequiel es un modelo de uno que intercede por su pueblo.

Daniel forma parte de las Escrituras en el canon judío y es el recuento de la vida y las visiones de un profeta. La carrera de Daniel, bajo un gobierno pagano, es un modelo para los cristianos en el mundo secular. Sus visiones manifiestan la soberanía de Dios y el triunfo final sobre sus enemigos.

¿Qué hay en la Biblia? 69

Oseas reprende al pueblo de Dios por cometer adulterio contra su esposo al adorar la riqueza, el sexo y el poder.

Joel preve un tremendo juicio sobre el complaciente pueblo de Dios y también la restauración y la abundancia cuando los castigados se arrepientan.

Amós promete el juicio para una nación injusta y materialista.

Abdías proclama el juicio para los enemigos de Dios.

Jonás es el evangelista no dispuesto. Su vida muestra que el llamado del pueblo de Dios es acercar a su presencia a las naciones incrédulas, a las cuales Dios también ama.

Miqueas habla de más destrucción y esperanza.

Nahúm anuncia la destrucción del imperio del mal dispuesto contra Dios.

Sofonías describe los horrores del juicio y la esperanza de la restauración.

Hageo promete que si el pueblo pone a Dios en primer lugar, serán bendecidos, pero que si no lo hacen, entonces serán maldecidos. Hageo ofrece un anticipo del Mesías.

Zacarías estimula al pueblo a reconstruir el templo y a confiar completamente en Dios. Preve la humillación, la humanidad, el rechazo, la crucifixión, el sacerdocio, la realeza, la gloria y el reinado de Cristo. Enfatiza la soberanía de Dios a través de toda la historia.

Malaquías habla a la gente que duda del amor de Dios porque les parece que él está inactivo. Les da razones para la fe y advierte contra la falta de esperanza.

EL NUEVO TESTAMENTO

Los Evangelios
(libros sobre la vida y el ministerio de Jesús)

Mateo revela a Jesús como el Rey prometido por los profetas y como el Maestro definitivo de la verdad de Dios.

Marcos nos guía a ver quién es Jesús observando lo que hace al servir a la gente y al morir por ellos.

Lucas enfatiza que Jesús vino para los proscritos, los pobres, los gentiles y los pecadores.

Juan enfatiza que Jesús es totalmente Dios y escribe para traer a los no creyentes a la fe.

Hechos cuenta cómo el Espíritu Santo dispersa la Iglesia por todo el imperio romano después de la partida de Jesús. Describe la misión de la iglesia, su mensaje y sus métodos y cómo los cristianos deben reaccionar a la oposición y el poder de Dios para triunfar sobre todos los obstáculos.

Las Cartas de Pablo
(escritas a las iglesias por quien las supervisaba)

Romanos sistematiza el evangelio para mostrar cómo es "el poder de Dios para... salvación" (Rom. 1:16). Pablo explica conceptos clave tales como el pecado, la gracia, la fe, cómo reconciliarse con Dios y cómo crecer en santidad.

Primera a los Corintios trata asuntos como el orgullo espiritual, la división entre cristianos, la moralidad sexual, la disciplina en la iglesia, el matrimonio, las áreas turbias de la ética, la adoración pública, los dones espirituales, la cena del Señor y la resurrección.

¿Qué hay en la Biblia?

Segunda a los Corintios responde a los maestros que minaban la autoridad de Pablo. Enseña la naturaleza y la autoridad del ministerio apostólico, de la debilidad humana y de la fuerza de Cristo; la actitud de Pablo hacia las circunstancias dolorosas y su visión sobre las ofrendas.

Gálatas proclama que la fe activa en Cristo y no en los propios esfuerzos es el modo de vivir como un hijo de Dios.

Efesios revela el propósito eterno de Dios y su gracia para que podamos comprender y confiar en las metas gloriosas de Dios para su iglesia. Nuestras bendiciones en Cristo, las relaciones con otros creyentes y la armadura del creyente.

Filipenses es un mensaje de gozo aun en la aflicción. Hace un amoroso llamado a ser humilde, a unirse con los creyentes y a estar firme contra el legalismo y el libertinaje.

Colosenses exalta a Cristo como totalmente Dios y levanta la libertad cristiana contra el legalismo.

Primera y Segunda a los Tesalonicenses animan a los nuevos creyentes que están sufriendo pruebas, instruyéndolos en la vida piadosa y la certeza acerca de lo que ocurrirá cuando Cristo venga de nuevo.

Primera a Timoteo aconseja a un joven pastor (Timoteo) sobre como refutar las falsas doctrinas, supervisar su iglesia y designar a los líderes idóneos para la iglesia.

Segunda a Timoteo exhorta a Timoteo a ser valiente en su ministerio, sin importarle la oposición.

Tito aconseja a otro joven líder para enfrentar la oposición y las doctrinas falsas y sobre cómo levantar una congregación que haga el evangelio atractivo a los de afuera.

Filemón es una nota personal que refleja el amor y la autoridad cristianos.

Otras Cartas
(escritas para los creyentes por varios apóstoles)

Hebreos anima a los creyentes perseguidos a que se mantengan firmes, explicándoles cómo Cristo es totalmente supremo como portador de la gracia de Dios. Junto con Romanos, es el mejor comentario del Antiguo Testamento en el Nuevo.

Santiago nos dice cómo crecer en madurez y en la vida cristiana.

Primera de Pedro ofrece esperanza en la persecución. Trata temas tales como quiénes somos como cristianos, la vida santa, y cómo tratar con las autoridades.

Segunda de Pedro nos dice cómo tratar con los falsos maestros y los malhechores en la iglesia y cómo crecer en la semejanza de Cristo.

Primera de Juan explica cómo estar seguros de que somos hijos de Dios y cómo distinguir los falsos cristianos de los verdaderos.

Segunda y Tercera de Juan son dos ejemplos de cómo vivir en verdad y en amor.

Judas advierte sobre los falsos maestros.

Apocalipsis anima a los creyentes a mantenerse firmes al asegurarles que, aunque las fuerzas del mal tendrán una victoria temporal, Dios finalmente triunfará y glorificará a aquellos que hayan sido fieles hasta la muerte.

Cómo aprovechar al máximo la Biblia

1. ¿Por qué debo leer la biblia?
Dios tiene un gran deseo de hablar contigo. Él puede comunicarse contigo a través de las circunstancias y durante tu oración. La manera más fundamental y confiable en que él nos habla es a través de las palabras escritas en la Biblia. Esas palabras son "el aliento de Dios", significado literal de la palabra inspirada en 2 Timoteo 3:16. Es fácil confundirse acerca de lo que Dios nos dice por medio de las circunstancias y las intenciones internas (los deseos y suposiciones distorsionan la percepción), pero la Biblia es la norma objetiva y fiable de la voluntad, el carácter y la verdad de Dios. La Biblia es tu mejor fuente si quieres conocer:

- quién es Dios;
- qué desea Dios;
- qué ofrece Dios;
- a Dios personalmente.

La Biblia te dice cómo entrar a la presencia de Dios y vivir una vida segura y fructífera en intimidad con él.

2. ¿Cómo puedo saber que la Biblia es confiable?
Las interpretaciones humanas no son infalibles, pero puedes confiar en las enseñanzas y los hechos de la Biblia porque:

Jesús lo dijo (Mat. 5:18; Juan 10:34, 35).

Las profecías revelan el origen sobrenatural de la Biblia. "En la Biblia hay numerosas predicciones, en ocasiones dichas con cientos de años de antelación, las cuales fueron cumplidas literalmente y con gran precisión".[1]

Los documentos arqueológicos e históricos lo confirman. Los críticos, a pesar de intensos esfuerzos, no han podido desacreditar un solo detalle. La resurrección de Jesús —el hecho del que depende la totalidad de la Biblia— es probada ampliamente por cualquier corte de justicia.

La Biblia ha transformado más vidas que cualquier otro libro en el mundo.

Tiene una "asombrosa unidad en medio de su gran diversidad".[2] La Biblia fue escrita por unos 35 autores (desde campesinos hasta reyes) en dos idiomas principales a lo largo de unos 1600 años. No obstante es un solo libro con un solo mensaje, porque Dios inspiró a cada escritor.

Dios confirmó la autoridad de sus escritores. Los autores demostraron ser verdaderos profetas y apóstoles por la precisión de sus profecías y las señales milagrosas que acompañaron sus ministerios.

Los concilios canónicos fueron muy meticulosos. Los hebreos y los cristianos primitivos disponían de incontables libros que podían considerar. Pero los concilios canónicos sometieron a cada candidato a formar parte de las Escrituras, a rigurosas pruebas sobre su autor, hechos y doctrinas. Oraron y examinaron prolijamente, ya que no aprobarían ningún libro que no hubiera sido incuestionablemente inspirado por Dios.

3. ¿Qué debo recordar acerca de la Biblia cuando la leo?
Tómala en serio, es divina. Nos ha sido dada por el Creador del universo, el Dios que nos ha rescatado del desastre. Así que, ella merece una respuesta humilde, atenta y creyente. Puedes comprar una Biblia, pero no la poseerás en el

¿Cómo aprovechar al máximo la Biblia?

sentido de tener el derecho a controlar lo que usarás de ella. Tú le perteneces a su autor. Deja que sus palabras penetren tus defensas, te muestren la verdad acerca de ti mismo, transformen lo que piensas y te confronten con el Santo.

Disfrútala, son buenas noticias. Déjala que te condene, pero que no te deprimas. Deja que te arroje en los brazos del que tiene el poder para hacerte la persona que quieres ser pero que no puedes ser. Permítele que te acerque a los brazos de aquel que te ama.

Estúdiala, es personal. Dios no dictó una serie de sermones a sus secretarios. Cada uno de los libros de la Biblia fue escrito por un ser humano en un particular escenario histórico y con importantes propósitos propios; por lo tanto, para comprender lo que Dios está diciendo en un libro, debemos determinar lo que se quería decir cuando fue escrito. Esto requiere investigar su trasfondo histórico y cultural, y también leer el texto una y otra vez.

4. ¿Cómo debo leer la Biblia?

Léela diariamente. Es mejor leer quince minutos cada día que tratar de usar una hora diaria y fallar. Comienza con porciones que te permitan hacerlo consecuentemente, cada día.

Léela sistemáticamente. Si la lees al azar, leerás solo las partes que te agradan y perderás las poco familiares o que puedan parecer poco interesantes. Tendrás una visión desequilibrada de Dios. Es mejor que leas los libros completos; alterna entre el Antiguo y el Nuevo Testamento. Si nunca has leído toda la Biblia, proponte un plan para leerla completa en un año (al ritmo de dos o tres capítulos por día), y entonces vuelve atrás para estudiar los libros más detalladamente. Si necesitaras ayuda, existen varias organizaciones que publican guías para la lectura sistemática de la Biblia; pero puedes hacerte tu propio plan personal leyendo, por ejemplo, tres capítulos de Génesis cada día hasta terminarlo, entonces dos capítulos por día de Mateo y así sucesivamente.

Equilibra la lectura devocional y el estudio. Lee quince minutos cada día, solo para estar en comunión con Dios y escuchar su voz, y usa una hora otro día para un estudio cuidadoso. O lee devocionalmente a diario durante un mes y usa un par de semanas para concentrarte en el estudio de un libro con todas las ayudas disponibles. Alternar entre el estudio para lograr una interpretación cuidadosa y escuchar en oración para permitir que Dios te cambie, mantendrá tu lectura de la Biblia fresca y equilibrada.

No trates la Biblia como si fuera mágica. A veces Dios te guiará a un pasaje que enfocará la situación concreta con que estás luchando. Pero cuídate de utilizar la Biblia como si fuera una tómbola, abriéndola al azar y señalando con un dedo esperando encontrar de ese modo respuesta a alguna situación particular. Cuídate también de pensar que el pasaje que lees hoy será la respuesta para los asuntos del día; en lugar de ello, lee sistemáticamente, y lee el pasaje del día para conocer lo que Dios tiene que decirte en él. Haz anotaciones, ora sobre lo que aprendas y medita. Si deseas la guía de Dios sobre cierto asunto, revisa tus anotaciones o busca cuidadosamente en la Biblia para encontrar otros pasajes que derramen luz sobre el asunto. Utiliza una concordancia o un diccionario bíblico para investigar sobre un tema, pero evita usar versículos aislados de su contexto.

5. ¿Cómo puedo estudiar la Biblia?

Visión general. Comienza leyendo un libro completo por lo menos una vez, y de preferencia, de dos a cinco veces. Anota tus primeras impresiones: ¿Cuál parece ser el asunto del

¿Cómo aprovechar al máximo la Biblia? 77

libro? ¿Es su tono serio, humorístico, alegre, triste, reprensivo, o animador? El autor, ¿enseña una doctrina, cuenta una historia, exhorta a sus lectores a hacer algo o escribe con otro propósito o propósitos? ¿Cuáles parecen ser los sentimientos del autor hacia sus lectores? ¿Qué estilo utiliza: ¿Es poesía, una carta amistosa, un sermón, o son episodios de una historia? ¿Qué palabras repite con frecuencia como pistas para entender las ideas que enfatiza?

Después divide el libro en sus secciones principales, las que pueden no coincidir con la división en capítulos. Dale a cada sección un título que resuma su contenido.

Ahora ya debes haber captado primariamente los propósitos por los que fue escrito el libro. Con frecuencia, el propósito original del autor muestra cómo desea Dios que utilices el libro en tu vida. Intenta redactar un breve resumen del asunto del libro y por qué piensas que fue escrito.

Habiendo conseguido una visión general, estudia más detalladamente cada una de las secciones.

Observa. Observar los detalles de un pasaje no es más que, como un detective, hacer y responder una serie de preguntas.

➤ ¿A quién está dirigido? ¿Quién habla? ¿De quién se habla? (¿Qué conoces de esas personas?)
➤ ¿Qué dice el que habla? ¿Qué ocurre? ¿Qué ves?
➤ ¿Cuándo ocurre la acción? ¿Cuándo ocurrirá el hecho que se predice?
➤ ¿Dónde ocurre la acción? ¿Dónde ocurrirá el acontecimiento?
➤ ¿Por qué, según el autor, es verdad esta declaración? ¿Por qué es importante? ¿Por qué ha ocurrido?
➤ ¿Cómo es posible esta promesa?

Interpreta. Una vez que hayas observado cuidadosamente el pasaje, piensa en lo que significa. Divídelo en subsecciones y párrafos; piensa cuáles versículos son afines, y cuáles son los asuntos tratados y relaciona los párrafos entre sí. Pregúntate:

➤ ¿Es esto una introducción?
➤ ¿Tiene relación con el argumento principal?
➤ ¿Cómo está relacionada esta sección con lo que el autor ha dicho anteriormente?
➤ ¿Por qué, en definitiva, este pasaje aparece en la Biblia?
➤ ¿Por qué el autor dice esto aquí después de lo que ha dicho en el pasaje anterior?
➤ ¿Qué relación hay con el punto de vista general del libro?

Para interpretar declaraciones individualmente, pregúntate:

➤ ¿Cuál es el criterio del autor?
➤ ¿Cuáles son las implicaciones del acontecimiento?
➤ ¿Cuál piensas que fue el motivo de la persona para hacer lo que hizo?
➤ ¿Qué significa esta palabra?

Una de las claves de la interpretación es el contexto. Interpreta los versículos a la luz de todo el párrafo; y los párrafos a la luz de la totalidad del libro y de la Biblia. Ten en cuenta el tipo de literatura escogida por el autor e interpreta la poesía y la profecía según sus reglas, las parábolas como parábolas y las cartas como cartas. (Pudieras necesitar aprender más sobre estos tipos de literatura.) También toma en consideración el marco histórico del libro. (¿Tenía una costumbre algún significado especial en esa época? ¿Se hizo la declaración durante un período de persecución o uno de prosperidad?)

Aplica. El objetivo del estudio es permitir que Dios te haga más semejante a Cristo. Alcanzar mayor conocimiento y no actuar según lo aprendido, te enfatuará y te hará igual que los fariseos que Jesús tanto condenó (Mat. 23:27, 28). Así que deja que los pasajes influyan en tu vida.

¿Cómo aprovechar al máximo la Biblia?

Primero, dile a Dios que estás dispuesto a obedecerlo y pregúntale cómo quiere él que el pasaje leído influya en tu vida. Entonces hazte las siguientes preguntas:[3]

➤ ¿Hay algún pecado que debo confesar o evitar? (¿Debo restituir algo?)
➤ ¿Hay alguna promesa que debo reclamar o por la que debo vivir? (¿Esta promesa la puedo aplicar a mi vida o solo era para los lectores originales? ¿He cumplido las condiciones para reclamar esta promesa?)
➤ ¿Necesito cambiar alguna actitud? (¿Cómo puedo intentarlo?)
➤ ¿Hay algún mandamiento que obedecer? (¿Estoy dispuesto a hacerlo no importa lo que sienta?)
➤ ¿Hay algún ejemplo que deba seguir o evitar?
➤ ¿Hay algo por lo que debemos orar o alabar a Dios?
➤ ¿Puedo aprender alguna verdad acerca de Dios, el Padre, de Jesucristo o del Espíritu Santo? ¿Qué diferencia puede hacer para mí?

Cuando escojas una aplicación escucha lo que Dios quiere hacer en tu vida en vez de centrarte en lo que te gustaría conseguir. Esto requerirá mucho pensamiento y oración.

Resume. Cuando hayas estudiado detalladamente un libro completo, vuelve atrás y mira si tu visión sobre sus temas principales y propósitos ha variado. Escribe un breve resumen acerca del asunto del libro y cómo se supone que debe influir en tu vida.

Utiliza algunos recursos. Debes depender del Espíritu Santo para que te ilumine al estudiar las Escrituras. Algunos recursos son muy valiosos para discernir lo que el Espíritu está diciendo:

Una traducción buena de la Biblia. No utilices una paráfrasis como versión principal para tu estudio. Puede ayudar como comentario al texto, pero debes utilizar primero una traducción literal. A menos que te sientas cómodo con el español más antiguo de la versión Reina Valera, escoge alguna de las traducciones más modernas. Toma tiempo para revisar varias versiones antes de decidirte por una. Pueden serte útiles las divisiones por párrafos y subtítulos.

Una Biblia de Estudio con referencias cruzadas y/o comentarios al margen puede ser una buena selección. Sin embargo, antes de decidirte indaga acerca de su corriente teológica para asegurarte de no estar predispuesto inadvertidamente hacia opiniones ajenas.

Una concordancia completa. Las concordancias relacionan alfabéticamente todas las palabras que aparecen en la Biblia, junto a todas las referencias bíblicas donde aparece cada una. Una Concordancia te ayudará a seguir un asunto (como la humildad o la oración) a lo largo de toda la Biblia.

Un diccionario bíblico. Utilízalo para conocer el trasfondo histórico y cultural de un pasaje.

Un comentario bíblico en un volumen. Es una fuente razonablemente barata de lo que alguien ha experimentado con un pasaje. Indaga por la corriente teológica del mismo antes de adquirirlo.

Un Atlas bíblico. La geografía tuvo un inmenso impacto en los acontecimientos bíblicos. En casi todos los libros de la Biblia se nombra algún lugar.

6. ¿Cómo puedo leerla devocionalmente?

Ora. Antes de comenzar la lectura, pídele a Dios que te hable personalmente por medio del pasaje. Mientras lees, alaba y da gracias a Dios por lo que el pasaje dice acerca de su carácter y su obra. Pídele que haga realidad en tu vida las cosas que el pasaje dice que él desea hacer. Esfuérzate en escuchar la voz de Dios.

Lee el pasaje en voz alta. Hacerlo te ayudará a que los pasajes penetren en tu corazón y no se queden solo en tu

¿Cómo aprovechar al máximo la Biblia?

mente. Si estás leyendo una historia, deja que te capture; si es una carta, deja que los sentimientos del autor te hablen.

Medita en el pasaje. La meditación es "una porción de pensamiento correcto dirigido por Dios y que te conduce a él". Se trata de digerir una verdad bíblica "mascándola" una y otra vez hasta que la comprendas y hayas llegado a alguna conclusión acerca de cómo "Vivir más precisa y concretamente según el evangelio".[4] A continuación, se sugieren algunos pasos para la meditación:

➤ Hazte las mismas preguntas que aparecen en *Observa* e *Interpreta* en las páginas 77 y 78.
➤ Observa la escena cuidadosamente y especula sobre lo que sus personajes estarían pensando o sintiendo.
➤ Lee repetidamente una oración enfatizando diferentes palabras.[5]

"***Todo*** lo puedo en Cristo... "
"Todo lo ***puedo*** en Cristo... "
"Todo lo puedo ***en Cristo***... "

➤ Escribe el pasaje con tus propias palabras.
➤ Hazte las preguntas de *Aplica* en la página 78 y 79.

Escribe tus ideas acerca del significado y tu plan de aplicación.

Memoriza un versículo clave.

7. ¿Qué ocurre si fracaso en el intento de aplicar una afirmación bíblica? "Desechando toda malicia y engaño" (1 Ped. 2:1). Puedes haber intentado conseguir esto por algún tiempo, pero te das cuenta de que aún engañas y eres malicioso. Eso te ayudará a comprender lo siguiente:

El cambio es un proceso. A lo largo de los años te hiciste el hábito de engañar para protegerte de heridas y conseguir lo que deseabas. Le tomará algún tiempo a Dios desarraigar y sustituir dichos hábitos de tu vida.

Deja que Dios controle el proceso. Tu viejo "Yo" fue crucificado con Cristo cuando lo aceptaste como tu Señor. Pero tu naturaleza pecaminosa lucha por vivir y por permanecer en control. La naturaleza pecaminosa estimula los hábitos tales como la malicia y el engaño que Dios quiere desarraigar; sin embargo, cuando intentas por ti mismo y con todas tus fuerzas romper con esos hábitos, tu naturaleza pecaminosa puede, en ocasiones, cooperar dándote una malicia superficial con tal de mantener el control profundo de tu vida. Pero Dios no está tan interesado en cambiar este o aquel hábito en tu vida como de asumir el control total de tu vida, matando tu vieja naturaleza, estableciendo un nuevo fundamento y reconstruyéndote totalmente. Cuando intentas con todas tus fuerzas deshacerte de un mal hábito y fracasas, Dios permite que ese fracaso te conduzca a una mayor dependencia de él; pídele que te haga más amante y honesto, pero mucho más que eso, anhela que él te haga morir para hacerte de nuevo a su imagen.

Deja que Dios llegue a la raíz de tus hábitos.

> Ningún árbol bueno da fruto malo; tampoco da buen fruto el árbol malo. A cada árbol se le reconoce por su propio fruto. No se recogen higos de los espinos ni se cosechan uvas de las zarzas. El que es bueno, de la bondad que atesora en el corazón produce el bien; pero el que es malo, de su maldad produce el mal, porque de lo que abunda en el corazón habla la boca (Luc. 6:43-45).

Si tienes un mal fruto en tu vida, puedes estar seguro de que está creciendo de una mala raíz que hay en tu corazón.

¿Cómo aprovechar al máximo la Biblia? 83

Tu conducta engañosa puede estar arraigada en un juicio del corazón en el sentido que la gente rechazará tu verdadero yo, de una ira en el corazón contra aquellos que antes te han rechazado, o de un compromiso de corazón para conseguir lo que deseas sin importarte cuánto puedas afectar a otros. No vayas cavando en tu corazón tratando de encontrar la raíz de tu pecado (eres tú quien de nuevo quieres mantener el control, y lo más probable es que te hagas más daño que bien). En vez de ello, al estudiar la Biblia, orar y hablar con otros creyentes, deja que sea el mismo Dios quien te revele esas raíces. Cuando él te convenza, serás capaz de ver y rechazar tu pecado en toda su fealdad.

Perdonar a otros es decisivo. En la raíz de muchas de nuestras malas conductas encontramos el rechazo a perdonar a quienes nos han herido. Hemos respondido a la herida con amargura y la resolución a protegernos de nuevas heridas. Pero cuando nos negamos a perdonar, construimos un muro que impide que Dios nos perdone y cambie (Mat. 5:14, 15; 7:1-5). La única manera de obtener rasgos como amor, gozo y paz es decidirnos a perdonar a aquellos que nos han dañado. Esto presupone que el Dios amante es más importante para nosotros que permanecer en la amargura; que amar a otros es más importante que no herir y que confiamos en que Dios nos cuidará cuando nos hieran.

Conocer al Padre es decisivo. La raíz de muchas malas conductas yace en el deseo de ser alimentados. Todos anhelamos ser amados, valorados y respetados, y nadie ha tenido padres perfectos. Hemos buscado nuestro alimento en fuentes equivocadas: sexo, dinero, comida, posesiones, trabajo, drogas, posición, alcohol. La única forma de liberarnos de estas falsas fuentes de alimentación es:

➤ Reconocer lo que son: pan podrido y agua contaminada;
➤ buscar a Dios como la fuente del verdadero pan (Juan 6:35-39) y de agua viva (Juan 4:10). El Espíritu en

nosotros clama: "Abba, Padre". Abba significa "Papito". Necesitamos acercarnos a nuestro "Papá" con la pasión de una profunda hambre y sed por el alimento que solo él puede darnos.

Si necesitas ayuda, consíguela. Es raro que podamos abandonar, sin ayuda, nuestros malos hábitos y entregárselos al Padre. Si estás luchando contra una tentación o impulso del que no puedes deshacerte (sexo ilícito, drogas, alcohol, ira, depresión, exceso de trabajo, etc.), acude a otro cristiano en quien confíes. Las oraciones y el consejo de un amigo pueden ser suficientes para ayudarte a abrazar al Padre cuando tu carne desea regresar al mal hábito. Si no cuentas con un amigo suficientemente maduro para ayudarte, o si el problema es mayor de lo que tu amigo puede manejar, no dudes en buscar el consejo cristiano profesional.

8. ¿Qué significa "reclamar" las promesas bíblicas? ¿Es válido hacerlo? "Reclamar" una promesa es lo mismo que decir: (1) esta promesa se aplica a mí; y (2) mis acciones van a mostrar que yo confío en que Dios mantendrá esta promesa. Es válido reclamar promesas que se aplican a ti; sin embargo, en la Biblia hay promesas que se aplican solo a ciertos individuos o naciones. Dios le prometió a Abraham que sería el antecesor del Mesías. No podemos reclamar esta promesa para nosotros. Para discernir si una promesa se aplica a ti o no, pregúntate:

➤ ¿A quién le hace Dios la promesa en el contexto original del pasaje? (¿A todos? ¿A todos los creyentes? ¿A los discípulos de Jesús? ¿A Israel? ¿A un individuo?)
➤ ¿Hay algo en el contexto inmediato, el resto del libro o en algún otro lugar de la Biblia que sugiera que esta promesa es aplicable a mi vida?

¿Cómo aprovechar al máximo la Biblia?

➤ ¿Hay algunas condiciones asociadas a la promesa? Si las hay, ¿las satisfago?

Si no estás seguro de que la promesa es aplicable, pregúntale a alguien con un conocimiento maduro de la Biblia.

9. ¿Cómo puedo saber si alguien está utilizando mal la Biblia? Hazte las siguientes preguntas:

¿Es la interpretación Bíblica que se aplica, la de cierta persona, grupo o libro? En una secta, el o los líderes o algún libro distinto de la Biblia (como el Libro de Mormón) es tenida como la autoridad real, y las Escrituras son interpretadas a la luz de esa otra fuente. Si no estás autorizado a desafiar esa otra fuente, entonces la Biblia está siendo mal usada aun si la visión de la otra fuente sobre ciertos aspectos en particular parezca ser bíblica.

¿Contradice la interpretación lo que toda la Iglesia ha mantenido como cierto durante dos mil años? Cuídate de los grupos que dicen que las Escrituras no han sido bien entendidas durante todos los siglos antes de aparecer ellos.

¿Es la interpretación coherente con el resto de las Escrituras? Puede que no tengas suficiente conocimiento de la Biblia como para responder esta pregunta. Si es así, consulta con cristianos maduros que no pertenezcan a ese grupo.

Libros sobre el estudio de la Biblia
Lea, Thomas D. *El Nuevo Testamento: Su trasfondo y su mensaje*. El Paso, Texas: Editorial Mundo Hispano, 2000.
McConnell, C. *Los Evangelios en paralelo*. El Paso, Texas: Casa Bautista de Publicaciones, 2001.

NOTAS
1. *Practical Christianity* (Cristianismo práctico) (Wheaton, Ill.: Tyndale House Publishers, 1987), página 384.
2. *Practical Christianity* (Cristianismo práctico), página 385.
3. Adaptado de Richard Warren, *Twelve Dynamic Bible Study Methods* (Doce métodos dinámicos de estudio bíblico) (Wheaton, Ill.: Scripture Press Publications, 1981), página 35.
4. Metropolitan Anthony Bloom, *Living Prayer* (Oración viva) (Springfield, Ill.: Templegate Publishers, 1966), página 53.
5. Warren, página 34.

La visión del mundo

Quizá piensas que no eres un filósofo y que no te interesan cuestiones acerca de una "visión del mundo". Pero, de hecho, tu visión del mundo yace en la raíz de todos tus valores, prioridades y opciones. Al crecer en Cristo, es tu responsabilidad desarrollar tus propias respuestas a estas cuestiones. Hay algunos pensamientos para comenzar. Si lees otras secciones de este libro, pronto te darás cuenta de que en casi cada tema se regresa a uno o más de estos asuntos básicos para una visión del mundo.

1. ¿Quién soy?
Ante todo, un ser humano. Esto significa:

> y dijo: "Hagamos al ser humano a nuestra imagen y semejanza. Que tenga dominio sobre los peces del mar, y sobre las aves del cielo; sobre los animales domésticos, sobre los animales salvajes, y sobre todos los reptiles que se arrastran por el suelo".
>
> Y Dios creó al ser humano a su imagen; lo creó a imagen de Dios. Hombre y mujer los creó...
>
> Dios miró todo lo que había hecho, y consideró que era muy bueno (Gén. 1:26-27, 31).

Eres creado a imagen de Dios. Ya seas hombre o mujer, llevas el sello del Creador del universo; reflejas su personalidad, su capacidad para hacer elecciones morales, su dignidad y su responsabilidad. Eres portador de su autoridad sobre la tierra y el resto de sus habitantes. Fuiste creado "muy bien", lo que significa que solo tienes valor para existir, lo mismo que cualquier ser humano con que te encuentres. Esta verdad tiene un enorme alcance para el valor de la vida humana (Gén. 9:6), tus lealtades últimas (Luc. 20:20-26) y aun para las palabras que pronuncias (Stg. 3:9, 10).

> Cuando contemplo tus cielos, obra de tus dedos, la luna y las estrellas que allí fijaste,
> me pregunto: "¿Qué es el hombre, para que en él pienses? ¿Qué es el ser humano, para que lo tomes en cuenta?"
> Pues lo hiciste poco menos que un dios, y lo coronaste de gloria y de honra;
> lo entronizaste sobre la obra de tus manos, ¡todo lo sometiste a su dominio! (Sal. 8:3-6).

Eres "poco menos que un dios". Eres una criatura, pero una criatura gloriosa.

Eres hombre o mujer. Tu sexo no es un accidente. Desde el mismo comienzo de la creación, Dios hizo a la humanidad hombre y mujer. Con tu masculinidad o feminidad, expresas la imagen de Dios. Tienes que descubrir por tí mismo lo que significa ser cabalmente hombre o mujer.

Estás caído. Naciste corrupto, con la imagen de Dios estropeada en ti, pero no borrada (Gén. 6:5).

Estás redimido. Si has aceptado el precio pagado por Cristo por tu rebelión y te has comprometido a servirle desde ahora, eres libre de la pena de muerte que merecías (Ef. 2:1-5).

Eres un hijo o una hija de Dios. No te has convertido en un esclavo en la casa de Dios. Has sido restaurado a la completa filiación con Dios. El Señor del universo te ha concedido el derecho de llamarlo "Abba" (Rom. 8:15),

La visión del mundo

que quiere decir "Papá" o "Papito". Eres coheredero con Cristo, junto a tus hermanos cristianos, de todo lo que el Padre posee.

Ahora mismo, él está en el proceso de restaurarte a la imagen que el pecado ha estropeado (Rom. 8:29). Aún no has llegado a ella, pero él te ama como si fueras perfecto. No puedes hacer nada para que te ame más. Eres suyo.

Las implicaciones de esta verdad deben hacerte temblar. No tienes que servirle a Dios por miedo a su castigo, por ser un mal esclavo si fracasas; puedes obedecerlo como a un Padre amante. El pecado debe ser lo último que quisieras hacer, porque entristece a tu Padre, daña la gloriosa imagen de Dios en ti y probablemente hiere a algún otro portador de la imagen de tu Padre. Pero cuando pecas, puedes correr a los brazos de Papá y pedir su perdón (Luc. 15:11-32).

Formas parte de la familia de Dios. No eres un hijo de Dios aislado. Eres responsable de tus hermanos y hermanas en la familia de Dios. Por otra parte, tienes mucho que ganar al verte involucrado en la vida de ellos.

2. ¿POR QUÉ ESTOY AQUÍ?

Existes para glorificar a Dios (Ef. 1:12). Glorificas a Dios antes que nada por el simple hecho de existir y reflejar su gloriosa imagen. Como un humano rebelde y caído, pero ahora redimido y restaurado a la santidad, también glorificas a Dios al demostrarle su misericordia y amor a todo el universo (Ef. 3:10, 11). El cambio que has experimentado desde que te hiciste de Cristo es una evidencia de la gloria de Dios.

Aun más, glorificas a Dios haciendo la obra que ha dispuesto para ti (Ef. 2:10). Dios está en guerra reclamando al mundo caído para su reino. Cada uno de sus hijos tiene una parte importante que jugar en esa guerra.

"Como el Padre me envió a mí, así yo los envío a ustedes" (Juan 20:21).

3. ¿DE DÓNDE SURGIÓ EL MUNDO?
Dios lo creó (Gén. 1:1). Podemos debatir cuánto tiempo necesitó Dios para crear el mundo y la física precisa que utilizó, pero el hecho de que Dios lo hizo es fundamental. Esto significa que nada es accidental y ninguna cosa es inherentemente mala (Gén. 1:32).

Dios lo creó por medio de Cristo (Juan 1:3; Col. 1:15-17). Cristo es la Palabra de Dios, el agente de la creación, completamente Dios.

4. ¿QUÉ HAY MÁS ALLÁ DEL MUNDO?
Primero, y sobre todo, allí está Dios. Él es una persona, no una "fuerza". Él es un Dios en tres personas: Padre, Hijo y Espíritu Santo.

Segundo, hay toda clase de seres que no son parte del universo físico. La Biblia los llama "ángeles", "tronos, poderes, principados o autoridades" (Col. 1:16), y "huestes espirituales de maldad en las regiones celestiales" (Ef. 6:12). Algunos son siervos de Dios, mientras que otros se han rebelado contra él. La cabeza de los rebeldes es un ángel caído llamado "Satán" —el adversario, el acusador. Dios lo creó, así que en nada es igual a él.

Dios y sus ángeles, así como Satán y los que lo apoyan, tienen que ver con lo que ocurre en el mundo de los humanos. De hecho, estos dos grupos están involucrados en una guerra total para controlar el universo. Satán es también llamado "el príncipe de este mundo" (Juan 12:31), porque él manda en los hombres caídos y los sistemas bajo los cuales viven. Pero el Padre envió a Cristo para rescatar a los hombres del "dominio de las tinieblas" y a traerlos a su propio Reino (Col. 1:13).

La visión del mundo

La lucha moral y espiritual, que tiene lugar en cada persona y entre las personas, es parte de la batalla cósmica entre el reino de Dios y el de Satán y ambos trabajan para influir en las personas y atraerlas a su lado. Dios permite a sus seguidores utilizar únicamente métodos que respeten la dignidad humana, en tanto que Satán y sus demonios utilizan tácticas inescrupulosas. Esta batalla tiene implicaciones de largo alcance para tu vida:

> Porque nuestra lucha no es contra seres humanos, sino contra poderes, contra autoridades, contra potestades que dominan este mundo de tinieblas, contra fuerzas espirituales malignas en las regiones celestiales (Ef. 6:12).

Aun cuando pueda parecer que ciertos individuos son tus enemigos, los verdaderos opositores son Satán y sus demonios, quienes mantienen bajo su yugo a los no cristianos. Las armas demoníacas de subyugación son el miedo, la falta de perdón, los hábitos compulsivos, las creencias erróneas, las estructuras sociales y políticas opresoras.

> Las armas con que luchamos no son del mundo, sino que tienen el poder divino para derribar fortalezas. Destruimos argumentos y toda altivez que se levanta contra el conocimiento de Dios, y llevamos cautivo todo pensamiento para que se someta a Cristo (2 Cor. 10:4, 5).

Nuestras armas para la destrucción de "fortalezas" (las herramientas de subyugación) son la oración, la Palabra de Dios, el poder y el amor de Dios quien habita en nosotros. La armadura que nos protege de los ataques en esta batalla es la verdad de Dios, la justicia de Jesús, el evangelio de la paz, la fe en Cristo, la seguridad de la salvación, al igual que la oración y las Escrituras (Ef. 6:13-18).

Conceptos cristianos importantes

Arrepentimiento. El término bíblico significa "cambiar de mentalidad", "cambiar los sentimientos" y "dar una media vuelta". Así, el arrepentimiento implica el dolor por el propio pecado, una nueva manera de pensar acerca de lo que uno está haciendo y una decisión para seguir el camino de Dios. El arrepentimiento compromete las emociones, el intelecto y, sobre todo, la voluntad. Significa decirle a Dios: "Tienes razón" acerca de lo que tú mereces, de lo que yo merezco y de lo que debo hacer ahora. Sentir remordimiento sin un cambio de conducta, no es arrepentimiento; Judas también sintió remordimiento (Mat. 27:3-5). De igual manera, cambiar la conducta sin modificar las actitudes y motivaciones, tampoco es arrepentimiento; no es más que legalismo.

La convicción interior, la nueva manera de pensar y el poder para cambiar de dirección son dones de Dios. El arrepentimiento debe ser un hábito diario para apartarnos constantemente de los viejos caminos a los caminos de Dios.

Bautismo. Es el acto que declara públicamente que ha tenido lugar un nuevo nacimiento o la unión con Cristo (Rom. 6:1-5). Así como un funeral indica públicamente que alguien ha fallecido, así el bautismo declara que alguien ha muerto espiritualmente al pecado y ha sido levantado a una nueva vida en Cristo. Significa la unión con Cristo y con su cuerpo, la Iglesia; la entrada al reino de Dios y el compromiso a vivir bajo el gobierno de Dios.

Conceptos cristianos importantes

Caída del hombre. El primer hombre y la primera mujer fueron creados con la capacidad de crecer en el carácter moral de Dios, de razonar sin fallos, escoger libremente y ser inmortales. Cuando escogieron intentar vivir aparte de Dios, ellos y sus descendientes "cayeron" desde ese estado de bendición. Su naturaleza moral fue manchada de manera que, aun cuando hubieran intentado adquirir un carácter piadoso, no hubieran podido conseguirlo. Su mente se hizo incapaz de percibir con precisión a Dios y las cosas espirituales; su libertad de elección fue atada por emociones ingobernables, compulsiones y el control satánico. Murieron espiritualmente y, después, físicamente. Solo por medio de la expiación de Cristo la caída es superada.

Conversión. Literalmente quiere decir volverse atrás, apartarse del pecado y dirigirse a Dios por medio de Jesucristo. En el proceso de conversión, Dios le da al creyente un nuevo nacimiento y la vida eterna. En un sentido, el nuevo nacimiento completa la conversión, pero en otro, la conversión es un proceso que continúa a lo largo de toda la vida.

Culpa. Es el estado resultante de haber cometido un crimen. No es lo mismo que sentirse culpable; puedes ser culpable sin sentir que lo eres y viceversa. La culpa no se elimina suprimiendo el sentido de culpa ni por cancelar la pena. El perdón de Dios, que es el fruto de la expiación de Cristo, significa que somos liberados no solamente del sentimiento de culpa sino también de la culpa misma. Un hijo de Dios es un criminal limpiado, renacido sin culpa. Cuando pecamos siendo ya cristianos, somos limpios de la culpa tan pronto como confesamos nuestro pecado.

Expiación. Es la provisión que Dios ha hecho para restaurar a los hombres pecadores a una relación bendita consigo mismo. El pecado separa de Dios a la persona y la hace merecedora de la muerte. En el Antiguo Testamento, Dios provee un complicado sistema de sacrificios para expiar (cubrir, satisfacer el precio de) el pecado. Se mataban animales que sustituían a las personas que merecían la pena de muerte; sustitución que era válida porque Dios había declarado que era solo un intercambio. Sin embargo, los sacrificios de animales apuntan hacia la verdadera muerte sustitutoria: la muerte de Jesús en la cruz.

Podemos ver la expiación de varias maneras. (1) Cristo nos rescata (redime) de la esclavitud del pecado y de la muerte. (2) Cristo rompe nuestra relación con Adán, de quien tomamos nuestra naturaleza pecaminosa (aún conservamos esa naturaleza pecaminosa, pero su poder ha comenzado a ser destruido). (3) Cristo pagó la pena por nuestro pecado, así que somos declarados "inocentes" en el tribunal de Dios. (4) Cristo aplacó la santa ira de Dios contra el pecado asumiendo sobre sí esa ira hasta la muerte. (5) Nuestra naturaleza pecaminosa fue crucificada con Cristo. (6) Cristo venció al orden mundial maligno al morir y resucitar. (7) Cristo nos reconcilia con el Padre eliminando nuestra hostilidad producto del pecado.[1]

Fe. (1) Creencia en un conjunto de verdades o (2) confianza en una persona por una relación personal. Ambos conceptos son valiosos: "sin fe es imposible agradar a Dios" (Heb. 11:6). No somos salvos por la fe, sino "por la gracia de Dios obrando por medio de la fe".[2] La fe es un don de Dios y una actitud por la que optamos. No es "fe ciega" que huye ante las evidencias; sino que es una decisión para ceñirnos a la verdad y a una relación basada en la evidencia, aún cuando los sentimientos y las circunstancias nos tienten a renunciar. No es cerrarnos a la realidad, sino abrirnos a una que nos hemos esforzado en negar. La verdadera fe en Cristo conduce inevitablemente a acciones conformes a su carácter y mandamientos. Así que la fe que no afecta la conducta de la persona está "muerta" (Stg. 2:26).

Conceptos cristianos importantes

La duda puede o no igualarse a la incredulidad. Un creyente puede formular punzantes preguntas para saber más, o puede luchar contra el hecho de por qué Dios hace o permite que algo ocurra. Un cuestionador, que desea confiar y comprender a Dios en humildad, debe recibir apoyo. El de fe débil debe ser animado en amor y con la verdad bíblica a confiar en Dios en medio de circunstancias desalentadoras. Sin embargo, la duda pecaminosa puede surgir de (1) el orgullo por el propio intelecto o (2) la falta de disposición para aceptar los cambios que exige en la vida la aceptación del señorío de Cristo. La incredulidad es un asunto de la voluntad, no de la mente. La duda honesta implica las emociones, el intelecto, la moral y las experiencias. Se debe tener mucho cuidado de encontrar la raíz de la duda de alguien antes de tratarla.

Gracia. Es el inmerecido favor de Dios hacia el hombre, porque nos ama y nos escoge. Por gracia (como un regalo de amor), él nos salva y capacita para que lleguemos a ser como él.

La gracia barata es la idea de que podemos pecar sin sufrir las consecuencias porque si confesamos el pecado, Dios nos perdonará. La Biblia responde: (1) La gracia de Dios no es barata; tuvo un costo muy alto para Jesús y nadie que ame a Jesús le causaría deliberadamente algún sufrimiento. (2) Dios es santo, odia el pecado y si lo amamos, no haremos lo que él odia. (3) Fuimos a Cristo y morimos con él para escapar de la servidumbre del pecado. ¿Quién, estando en sus cabales, escogerá regresar a la esclavitud de la que hemos sido liberados? (4) La confesión es vacía si no es una expresión del arrepentimiento. (5) "Dios no puede ser burlado. Todo lo que el hombre sembrare, eso también segará" (Gál. 6:7) Podemos escapar de la muerte eterna arrojándonos a la misericordia de Dios, pero generalmente, Dios nos deja segar parcialmente (o severamente) las consecuencias de nuestras acciones para hacernos madurar.

Iglesia. Es el pueblo de Dios reunido para adorarlo y servirlo. Es el mismo cuerpo de Cristo. Así como los cristianos están unidos a Cristo individualmente, también están unidos entre sí. No pueden adorar ni servir a Cristo aisladamente (vea páginas 115-121). Ella es la comunidad del Espíritu, que es quien la enseña, la conduce, le da sus dones y la mantiene unida.

Inmortalidad. Solamente Dios tiene vida inagotable en sí mismo. Los hombres fueron creados con el potencial de ser mortales o inmortales, dependiendo de cómo respondieran a Dios. A causa del pecado se hicieron mortales.

Al final de los tiempos, todos resucitarán. Los que se volvieron a Cristo, mientras estaban en la tierra, lo harán para recibir la inmortalidad del alma y del cuerpo. Aquellos que no lo hicieron, resucitarán para recibir la "muerte eterna" (el significado de "muerte eterna" es debatido, pero definitivamente no es algo bueno). Las "almas" no son intrínsecamente inmortales; llegan a serlo cuando la persona (cuerpo, alma y espíritu) resucita.[3]

El cristianismo rechaza la reencarnación. El hombre vive y muere en la tierra solo una vez y será resucitado para juicio (Heb. 9:27). Para el creyente, "la vida después de la muerte" significa ir inmediatamente a estar con el Señor y finalmente (o inmediatamente) recibir el propio cuerpo glorificado. Para los incrédulos, "la vida después de la muerte" es "un estado de angustia y tormento... mientras esperan la resurrección y el juicio final".[4]

Juicio. Cuando Cristo regrese a la tierra, todas las gentes serán juzgadas: las que vivan y las que hayan muerto, cristianas y no cristianas (Hech. 10:42; Rom. 14:10-12). El juicio será según nuestras obras (Mat. 16:27; Rom. 2:6; 1 Cor. 3:10-15) que serán la evidencia de si la dádiva de la salvación de Dios ha obrado en nuestra vida (No hay manera de falsificar la evidencia del nuevo nacimien-

Conceptos cristianos importantes 97

to por gracia). El juicio de Dios acerca de nuestra pertenencia a Cristo será justo, porque nosotros mismos habremos escogido cómo responder a Cristo y aceptar o no su gracia (Juan 3:19, 20). Aquellos que hayan escogido a Cristo serán recompensados con una vida eterna junto a él; mientras que aquellos que lo hayan rechazado, serán eternamente privados de su presencia. En su amor, Dios ha provisto todo lo que necesitamos para presentarnos ante él libres de culpa. Nos toca a nosotros aceptar esa dádiva de amor.

Justicia. Justicia y justificación son la misma palabra tanto en griego como en hebreo. Se refieren a "la conducta en conformidad con los requerimientos del pacto",[5] la correcta reputación en la comunidad del pacto o la condición de ser declarado con derecho por un tribunal de justicia.

Dios es justo por naturaleza; siempre actúa según las normas que él mismo ha establecido en su pacto. Como él prometió liberar y proteger a quienes le buscan, lo cumple. Como él prometió juzgar el pecado, lo hizo en la cruz y lo hará cuando Cristo vuelva. La obra de Jesús demuestra la justicia de Dios al tratar con el pecado y salvar a los desvalidos.

Los hombres no somos justos por naturaleza; violamos continuamente el pacto con Dios. Sin embargo, por gracia, Dios imputa la justicia de Jesús a aquellos que ponen su fe en él. Para conseguir el lugar correcto en la comunidad de Dios, no tenemos más que creer el evangelio. Para ser absueltos en el tribunal de Dios, solo tenemos que alegar que somos de Cristo. Por supuesto que, por el poder de Dios, los verdaderos creyentes crecerán en una conducta cada vez más justa. Tratarán a los demás justamente porque desean actuar como personas que pertenecen a Jesús.

Ley. Son los mandamientos de Dios registrados en la Biblia. No cumplir alguno de ellos demuestra que eres un pecador, ya que ningún pecador es capaz de obedecerlos perfectamente. El evangelio declara que Jesús cumplió la Ley por nosotros y que murió en lugar nuestro debido a nuestro fracaso en el cumplimiento y para que pudiéramos ser reconciliados con Dios al poner nuestra fe en Jesús.

La Ley no es un medio para ganarnos el favor de Dios; en cambio: (1) guía a la sociedad en la promoción de un orden civil justo; (2) convence a las personas de pecado y las conduce a Cristo, y (3) enseña a los cristianos a vivir honrando a Dios. Al cumplir Dios toda la Ley ceremonial del antiguo pacto, los cristianos no están obligados por ella; sin embargo, el nuevo pacto asume y ratifica los principios legales y los mandamientos morales del viejo. Siguen siendo guías sabias para la sociedad y normas esenciales para vivir en santidad.

Libertad. Cristo vino a liberar a las gentes del yugo espiritual del pecado, de la Ley, del miedo y de la muerte. Si se nos permitiera dar rienda suelta a todos nuestros caprichos, aún estaríamos esclavizados por los impulsos pecaminosos y la muerte. Alguien puede ser esclavizado o vivir bajo un régimen tiránico y, sin embargo, ser libre en Cristo de tener que pecar o de morir eternamente. La única manera de escapar del pecado que nos esclaviza, es morir con Cristo y ser levantado con él para vivir como un esclavo voluntario de Dios.

La Ley actúa como una niñera, imponiendo reglas sin otorgar el poder para obedecerlas. Cuando nos sometemos a Cristo, nuestro Padre nos declara adultos, libres para servirle sin el cuidado constante de la niñera. Ahora tenemos dentro de nosotros el poder y el deseo de obedecer. La iglesia no nos obliga (o no debiera) a cumplir reglas; voluntariamente restringimos nuestra libertad cuando el amor nos lo exige. Servir a Dios es la verdadera liberación de los impulsos para alimentar y proteger al yo. En la resurrección final alcanzaremos el cumplimiento de nuestra libertad de la caída (Rom. 8:21).

Muerte. La muerte física es la interrupción permanente de las funciones corporales, mientras que la muerte espiritual

Conceptos cristianos importantes 99

es "la separación del hombre de Dios, su falta de respuesta a Dios o su hostilidad hacia Dios por causa del pecado". La muerte segunda "se refiere a la separación permanente de Dios, que es el destino" de aquellos que nunca vuelven hacia Dios. La muerte al pecado es la suspensión de "toda relación con el pecado" al "vivir para Dios por medio de la muerte y la resurrección con Cristo" (Rom. 6:4-11).

"La muerte física y espiritual es la consecuencia y la pena por el pecado". Para un cristiano, la muerte física es (1) un mal causado por el pecado; (2) una tragedia en la cual el cuerpo es destruido; (3) un bien por el cual descansamos del trabajo y nos confiamos a Dios y (4) una esperanza gloriosa de ir a estar en una dulce intimidad con Dios. Los creyentes resucitarán con cuerpos incorruptibles con la vida de Dios; así, no debemos ni buscar ni temer a la muerte. Para un incrédulo la muerte significa enfrentarse a su enemigo, Dios, así que debemos orar por él para que se arrepienta antes de que pierda la oportunidad de hacerlo.[6]

Morir con Cristo significa renunciar a todo esfuerzo "por encontrar vida confiando en los propios esfuerzos". Morimos al mundo como fuente de vida independiente y abrazamos al Padre como fuente de la vida. La libertad cristiana de la muerte significa la libertad de "la obligación mortal de estar justificándonos continuamente". Podemos dar a otros libremente porque estamos seguros de que Dios nos acepta y nos sostiene. La muerte física permanece para los cristianos para hacernos depender de Dios para nuestra sobrevivencia actual y final (ver fe y esperanza).[7]

Pacto. Un tratado político, un pacto amistoso, un contrato matrimonial, un testamento legal o algún otro tipo de acuerdo o relación. Dios estableció un pacto con Israel: "...os tomaré por mi pueblo y seré vuestro Dios" (Éxo. 6:7). De esa manera se convirtió en el soberano, el amigo y el esposo de Israel. El pueblo no hizo nada para merecer este gesto, pero recibían las bendiciones del pacto solo cuando obedecían a

Dios. Cuando Israel rompió su lealtad a Dios, lo castigó y estableció entonces un nuevo pacto. Éste es mejor que el viejo porque (1) ha sido sellado con un mayor sacrificio: la sangre de Jesús; (2) está disponible para todos los hombres y no solo para los judíos y (3) nos ofrece el poder del Espíritu Santo para poder cumplir nuestra parte del acuerdo.

Pecado. Es la condición que separa a los hombres de Dios. Es la rebelión contra los deseos de Dios provocada por el orgullo y el deseo de ser sabios, poderosos e independientes (Gén. 3:4-6). Es el rechazo de la humillación de Dios en Cristo, de su voluntad de que el hombre fuera exaltado y, sin embargo, sometido a Cristo y de su oferta de fidelidad en amor. La raíz del orgullo está enlazada al rechazo o la incapacidad para creer que Dios es realmente tan bueno, sabio y santo que merece una lealtad absoluta.

Predestinación. Es la idea que dice que Dios ya tiene decidido quien va a recibir la vida eterna y quien no. Romanos 8-11 y Efesios 1 decididamente enseñan esto, pero las interpretaciones varían: (1) Dios sabe quién responderá al evangelio y ha predestinado a la salvación a aquellos que él sabe responderán con fe y obediencia. (2) La voluntad del hombre caído está tan corrompida que no puede escoger por sí mismo responder con fe al evangelio. En su gracia, Dios busca y salva a algunos pecadores y a otros no; y lo hace así no porque aquellos sean de alguna manera mejores que éstos, sino simplemente porque así lo ha decidido. No es una injusticia de Dios dejar a algunos pecadores en el pecado que han escogido; el milagro es que él salva a cualquiera.

Es esencial tener equilibrio entre ambos lados: la selección de Dios y la responsabilidad del hombre. Dios manda a evangelizar a los incrédulos y a alimentar a los hermanos cristianos, y nos hace responsables de nuestra respuesta. Sin embargo, nada de lo que hagamos puede estorbar su voluntad.

Conceptos cristianos importantes

Regeneración. Es el nuevo nacimiento en la familia de Dios y ocurre una vez y para toda la vida cuando alguien pone su fe en Cristo por el poder del Espíritu de Dios y no por el esfuerzo humano. Al nacer de nuevo, Dios se convierte en tu Padre, te haces su hijo, obtienes la capacidad de crecer a su semejanza (santo y a la semejanza de Cristo) y te haces coheredero de todo lo que posee (junto con Cristo y tus otros hermanos). Los demás cristianos son tus hermanos y hermanas y se espera que los trates con la entrega sacrificial de una verdadera familia.

Reino de Dios. Es el reinado presente y futuro de Dios en Cristo. Dios es el legítimo Rey sobre todo el universo; sin embargo, primero algunos ángeles y más tarde toda la humanidad, se rebelaron. Como Dios había encargado a la humanidad el cuidado del mundo, y ella se lo entregó a Satanás, ambos, el mundo y la humanidad, quedaron bajo su dominio. La estrategia de Dios para reconquistar su territorio por amor y no por la fuerza, ha hecho que todo el universo lo glorifique como Rey, el único que merece la gloria y la alabanza.

Dios comenzó escogiendo a una nación, Israel, para que fuera su "reino de sacerdotes" (Éxo. 19:6), la posición estratégica desde la que reconquistaría a la humanidad. Por medio de la Ley y los Profetas, él delineó la sociedad que deseaba. Entonces envió a Jesús, descendiente de un rey humano de Israel y también el Hijo del Gran Rey. Jesús proclamó que el reino de Dios había llegado porque él, el Rey, había venido en la carne. Las bendiciones del reino (la sanidad, la libertad, la derrota de Satanás, la vida abundante y la relación con el Rey) ahora estaban disponibles. Sin embargo, están disponibles solo como un avance, una fianza de lo que será cuando Cristo vuelva. Él vino por primera vez de incógnito y ahora combatimos en un territorio ocupado; pero nuestra victoria final está asegurada: Él vendrá de nuevo tal como es para reinar, y nosotros reinaremos con él.

Salvación. Es el acto de Dios quien, por su gracia, libera a los hombres de la ira que merecen, del yugo del pecado, de Satanás y de la muerte, y otorga, además, la condición de bienestar total que resulta de esa liberación. Es una muestra de todas las bendiciones que Dios derramará sobre los creyentes. Fuimos "salvos" cuando nos convertimos (Ef. 2:5-8); y "somos salvados" (1 Cor. 1:18); y "seremos salvos" cuando Cristo venga en la plenitud del reino (Rom. 13:11).

Santificación. Es el acto de apartar algo como santo; "el acto o proceso por el cual las personas o las cosas son limpiadas y dedicadas a Dios, ritual y moralmente".[8] Bajo el antiguo pacto, los sacerdotes, los utensilios del templo y los animales se limpiaban ritualmente y eran dedicados a Dios para el uso exclusivo en los sacrificios. Esto simbolizaba la limpieza moral interior y la dedicación que Dios pedía. El Nuevo Testamento enfatiza esa dimensión moral.

Hacerse cristiano es permitirle a Dios separarnos permanentemente para él, limpiarnos de la mancha del pecado y dedicarnos a su servicio. En ese sentido, ya somos "santos", santificados. Por otra parte, nos hemos sometido a un proceso que dura toda la vida por el cual somos cada vez más limpios del pecado, y nos hemos entregado por siempre al servicio de Dios. De nuevo, por una parte, solo Dios puede limpiarnos, mientras que por otra, nos exhorta a ofrecernos voluntariamente a él como siervos y sacrificios vivos (Rom. 6:13, 19; 12:1), a buscar la santidad (Heb. 12:14) y a actuar como santos. Así, la santidad es nuestra meta tanto en el presente como en el futuro, algo que pasivamente permitimos a Dios hacer en nosotros y algo que debemos buscar activamente. La buscamos diciendo "sí" constantemente a los mandamientos de Dios y a su control sobre nuestra vida y respondiendo "no" a nuestros deseos egoístas, escogiendo hacer el bien que él nos pide dependiendo completamente de él, en lugar de depender de nosotros mismos.

Notas

1. Leon, Morris. *"Atonement" The New Dictionary of Theology* ("Expiación" El Nuevo Diccionario de Teología), eds. Sinclair B. Ferguson, David B. Wright and J. I. Packer (Downers Grove, Ill.: InterVarsity Press, 1988), páginas 54-57.
2. G. W. Martin *"Faith" The New Dictionary of Theology* ("Fe" El Nuevo Diccionario de Teología), página 246.
3. Harris, "Inmortality" The New Dictionary of Theology ("Inmortalidad" El Nuevo Diccionario de Teología), páginas 332-333.
4. Harris, *"Intermediate State" The New Dictionary of Theology* ("Estado intermedio" El Nuevo Diccionario de Teología), páginas 339-340.
5. N. T. Wright, *"Righteousness" The New Dictionary of Theology* ("Justicia" El Nuevo Diccionario de Teología), página 591.
6. M. J. Harris, *"Death" The New Dictionary of Theology* ("Muerte" El Nuevo Diccionario de Teología), página 188.
7. W. Schmithals, *"Death" The New International Dictionary of New Testament Theology* ("Muerte" El Nuevo Diccionario Internacional de Teología del Nuevo Testamento), volumen 1, de. Colin Brown (Grand Rapids, Michigan.: Zondervan Corporation, 1975), páginas 353-359.
8. Klaus Bockmuehl, *"Sanctification" The New Dictionary of Theology* ("Santificación" El Nuevo Diccionario de Teología), página 613.

La seguridad

1. ¿Cómo puedo estar seguro de mi salvación? En su primera carta, el apóstol Juan da algunas pistas para que podamos saber si hemos renacido como hijos de Dios.

Fe.

¿Quién es el mentiroso, sino el que niega que Jesús es el Cristo?... Todo profeta[1] que reconoce que Jesucristo ha venido en cuerpo humano, es de Dios... (1 Jn. 2:22, 4:2).

Juan está diciendo que el verdadero cristiano cree que:

➤ Jesús es el Rey ungido prometido por Dios;
➤ Jesús es el divino Hijo de Dios;
➤ Jesús es totalmente hombre;
➤ como Dios y hombre, Jesús murió en la cruz a causa de nuestros pecados. (Ver el resumen del evangelio en la páginas 61, 62.)

Andar en la Luz.

> Dios es luz y en él no hay ninguna oscuridad. Si afirmamos que tenemos comunión con Él, pero vivimos en oscuridad, mentimos... pero si vivimos en la luz... tenemos comunión unos con otros, y la sangre de su Hijo Jesucristo nos limpia de todo pecado.
> Si afirmamos que no tenemos pecado, nos engañamos a nosotros mismos... Si confesamos nuestros pecados, Dios, que es fiel y justo, nos perdonará y nos limpiará de toda maldad (1 Jn. 1:5-9).

La seguridad

Todo el que tiene esta esperanza en Cristo, se purifica a sí mismo, así como él es puro (1 Jn. 3:3).

Andar en la luz significa:

➤ desear honestamente desprenderse de todo pecado;
➤ resistir al pecado;
➤ confesar el pecado cuando nos percatamos de él;
➤ confiar en que Dios nos perdona y limpia cuando confesamos.

Un hijo de Dios ha renacido con los "genes" ("simiente" en 3:9) de su Padre. Él desea que crezcamos a la semejanza del Padre y tiene la capacidad para hacerlo.

La obediencia.

¿Cómo sabemos si hemos llegado a conocer a Dios? Si obedecemos sus mandamientos. (1 Jn. 2:3).

Los verdaderos hijos de Dios quieren obedecerlo, porque lo conocen y aman tanto como para comprender que sus mandamientos son sabios y buenos.

El amor.

El que no ama no conoce a Dios, porque Dios es amor (1 Jn. 4:8).

Si alguien que posee bienes materiales ve que su hermano está pasando necesidad, y no tiene compasión de él, ¿cómo se puede decir que el amor de Dios habita en él? Queridos hijos, no amemos de palabra ni de labios para afuera, sino con hechos y de verdad. (1 Jn. 3:17, 18).

La intención de estas pistas no es condenarte si todavía no eres perfecto en obediencia y amor; pretenden darte seguridad cuando tu corazón (o el Diablo) te condena (3:19). Un cristiano renacido en un bebé espiritual que comienza a mostrar amor y obediencia, a andar en la luz y a creer en Cristo. La marca de un verdadero cristiano es que desea fervientemente crecer en estas áreas y muestra los signos de tal crecimiento.

2. ¿Puedo saber si alguien más es salvo?

Solo Dios lo sabe con seguridad, y nunca debemos condenarnos mutuamente. Sin embargo, se supone que debemos evaluar la genuinidad de los demás, especialmente de aquellos que quieren enseñar o ser líderes.

> Cuídense de los falsos profetas... por sus frutos los conocerán (Mat. 7:15, 16).

Los frutos o señales de un "profeta" (o maestro, etc.) en quien se puede confiar son: la sana doctrina acerca de Cristo, andar en la luz, la obediencia a los mandamientos de Dios revelados en las Escrituras y el activo amor por los demás cristianos.

Notas
1. Literalmente "espíritu".

Llamado para ser enviado

La evangelización: Un estilo de vida

1. ¿Qué es la evangelización? La palabra griega *euangelion* significa "buenas noticias" o "evangelio". Por tanto, evangelizar es difundir las buenas noticias acerca de Jesucristo. Relacionado con esto, los cristianos utilizan también el término "testigo". Un testigo es alguien que expresa lo que conoce acerca de una persona o un incidente. Los cristianos son testigos de quién es Jesucristo y de lo que hace en la vida de las personas. La evangelización incluye hacer discípulos de Jesús a quienes le obedecen y proceden al arrepentimiento (Mat. 28:18-20; Juan 20:21-23; Hech. 2:38-42).

La evangelización es sobrenatural.

> El Espíritu del Señor está sobre mí,
> por cuanto me ha ungido
> para anunciar buenas nuevas a los pobres.
> Me ha enviado a proclamar libertad a los cautivos
> y dar vista a los ciegos;
> a poner en libertad a los oprimidos;
> a pregonar el año del favor del Señor
>
> (Luc. 4:18, 19).

La Biblia describe a los no cristianos como ciegos y prisioneros de Satanás en "el dominio de la tiniebla" (Col. 1;13: compare con 2 Cor. 4:4). El incrédulo es incapaz de escapar de esta prisión por sus propios medios ni tampoco puede un cristiano rescatarlo con sus propias capacidades. Tu capacidad (o falta de ella) para explicar o argumentar a favor del evangelio no es lo que se necesita para librar a alguien del engaño de Satanás. El evangelismo es humanamente imposible, pero Dios rescata al perdido usando tres medios sobrenaturales:

➤ el Espíritu de Dios;
➤ la Palabra de Dios;
➤ los cristianos obrando en el poder de Dios.

Pablo describe el evangelismo así: "...no les hablé ni les prediqué con palabras sabias y elocuentes, sino con demostración del poder del Espíritu, para que la fe de ustedes no dependiera de la sabiduría humana sino del poder de Dios" (1 Cor. 2:4, 5).

Tienes la autoridad de Cristo y la unción del Espíritu para ser un recurso sobrenatural para la extensión del evangelio.

La evangelización es un proceso de mostrar y de decir.

> Ustedes son la luz del mundo. Una ciudad en lo alto de una colina no puede esconderse. Ni se enciende una lámpara para cubrirla con un cajón. Por el contrario, se pone en la repisa para que alumbre a todos los que están en la casa. Hagan brillar su luz delante de todos, para que ellos puedan ver las buenas obras de ustedes y alaben al Padre que está en los cielos (Mat. 5:14-16).

Tanto dar testimonio como evangelizar sugieren una declaración verbal. Pero difundir el evangelio es mucho más que decir a las personas qué es lo que creemos. También es mostrarles con nuestra vida que Jesús es quien la Biblia dice que es.

El proceso del testimonio puede compararse al de cultivar la tierra. Jesús compara a los creyentes con la tierra (Mar. 4:1-20). Si deseamos que el evangelio produzca frutos en la vida de alguien, debemos antes cultivar la tierra

La evangelización: un estilo de vida 109

hablando a su corazón y cuidando de él o de ella. Podemos entonces plantar la semilla de la Palabra de Dios hablándole a su razón y, finalmente, cosecharemos una nueva vida pidiéndole a la persona una respuesta voluntaria. Una conversión saludable exige que la persona sea atraída emocionalmente, convencida intelectualmente y (sobre todo) que voluntariamente se someta al control de Cristo.

Demostración	Proclamación	
Cultivar	Plantar	Cosechar
El corazón	La mente	La voluntad

El proceso implica tomar pequeñas decisiones. Piensa en una línea que comienza al pie de la cruz y que se extiende en la distancia. Cada uno de los no cristianos que conoces se encuentran en algún punto de esa línea, a distancias diferentes de la cruz y de la dedicación de su vida a Cristo. Algunos comprenden el evangelio y solo necesitan rendir su voluntad; otros se sienten atraídos por tu carácter y se preguntan por qué eres diferente; mientras que otros son totalmente indiferentes hacia ti y tus creencias.

Al atraer a los no cristianos, no debemos tratar de hacerles entender y decidir respecto al evangelio tan pronto como sea posible. En vez de ello, nuestra meta debe ser animarlos a ir haciendo pequeñas decisiones que los conduzcan gradualmente hacia la cruz. Para ayudarlos a dar el siguiente paso hacia Cristo, es de la mayor importancia saber en qué punto de la línea se encuentran. A continuación se enumeran algunas de esas pequeñas decisiones a las que nos gustaría conducir a algún amigo:

- "Es una buena persona" (Una decisión acerca de nosotros).
- "Me gustaría conocerlo mejor".
- "Voy a averiguar por qué es tan diferente".
- "Parece que saca de la Biblia su visión de las cosas".
- "Es cristiano, pero es buena persona".
- "Ser cristiano seguramente tiene sus ventajas".
- "Me gustan sus amistades. Le envidio su confianza".
- "Puede resultar de interés leer la Biblia en alguna ocasión".
- "Después de todo, la Biblia no es imposible de entender".
- "La Biblia dice cosas muy importantes".
- "Lo que la Biblia dice sobre la vida se ajusta a mi experiencia".
- "Jesús parece ser la clave. Me pregunto: ¿Quién será en realidad?".
- "Jesús es Dios".
- "Necesito hacer lo que él dice".

Demostración.
Las tres primeras decisiones se refieren principalmente a tu persona. Cuando vives el evangelio expresando amor y gracia hacia un no cristiano, su corazón es atraído hacia ti y se hace receptivo a tu visión de la vida. El primer aspecto de la demostración es expresar amor. Tal como hizo Jesús con las personas inmorales de su día, haz amistad con ellas y trátalas con afecto a pesar de los pecados que practiquen.

Hay dos recursos sobrenaturales de Dios que puedes usar. Cuando tú le pides a Dios que intervenga en la vida de tu amigo, él lo hace. Al permitir que Dios ame a tu amigo por medio tuyo, te haces representante de Dios.

El segundo aspecto de la demostración del evangelio es hacer brillar la fe y la esperanza en las tinieblas de tu amigo. Esto lo haces sencillamente con conversaciones casuales sobre asuntos que revelen tus valores y los suyos (asuntos tales como el éxito, el trabajo, el ocio, el matrimonio, los niños o el dinero). En tales conversaciones debes:

La evangelización: un estilo de vida 111

➤ Preguntar y escuchar atentamente a lo que tu amigo piensa acerca de un tema dado.
➤ Dar tu propia opinión bíblica sin juzgar.

Cuando hayan mantenido la amistad por algún tiempo, puedes mencionar que tu visión sobre los asuntos procede de la Biblia.

Las conversaciones sobre asuntos de importancia surgirán naturalmente, a medida que hagas cosas junto con tu amigo: comer, pasear, trabajar en algún proyecto. En tus conversaciones iniciales, busca un terreno común sobre el cual construir la amistad; al mismo tiempo, puedes presentar a tu amigo a otros hermanos cristianos en ambientes sociales corrientes. Muéstrale que no eres el único cristiano amante e interesante en el mundo.

Para poder conversar sobre temas importantes de la vida, necesitas tener una visión bíblica sobre éstos. La última sección de este libro puede ayudarte a desarrollar un estudio sobre algún asunto importante para los no cristianos.

Proclamación.
Una vez identificado como persona que ama y piensa, y que obtiene sus ideas de la Biblia, puedes sugerir que se reúnan en alguna ocasión para echar una mirada a la Biblia. Tu amigo pensará al inicio que es una amenaza, así que sugiérelo distraídamente, sin intentar establecer una fecha para ello. Cuando lo hayas hecho dos o tres veces a lo largo de un mes o algo así, tu amigo comenzará a acostumbrarse a la idea. Cuando muestre un genuino interés, establece una fecha.

Ahora entra en juego el tercer recurso sobrenatural de Dios: La Biblia. Todavía no es el momento de presentar el evangelio a tu amigo y pedirle que tome una decisión sobre el ofrecimiento de salvación de Cristo. En lugar de ello, reúnete con él en un ambiente informal, en tu casa u otro ambiente agradable, para mirar juntos un libro de la Biblia.

El curso Vida Abundante (Casa Bautista, 1998) ofrece sugerencias sobre cómo conducir a un inconverso a través del estudio bíblico sin asustarlo. Quizá tome semanas y hasta meses, pero al final, tu amigo comprenderá quién es Jesús y qué respuesta reclama de los suyos. Probablemente ni siquiera tendrás que estar presente cuando finalmente él se decida a aceptar o rechazar a Cristo.

2. ¿Cuáles son los riesgos de comprometerme con inconversos y cómo puedo tratar con ellos?

El rechazo. Recuerda que solo estás tratando de establecer amistad con alguien. No siempre tendrás éxito, pero si tu autoestima está basada en Dios y no en la aprobación de los demás, podrás arriesgar ese primer "hola". La gente tiene sed de amor y si te centras en amar a la otra persona y no en ser aceptado, entonces probablemente no serás rechazado.

La contaminación. Los no cristianos poseen hábitos que los cristianos consideran desagradables y hasta francamente inmorales. Si vas a casa de tu amigo puedes contaminarte con el humo de su cigarrillo, ofenderte por el lenguaje que utiliza o recibir su invitación para mirar algún vídeo pornográfico. En tales situaciones recuerda que tu amigo está sumido en las tinieblas y que Dios está ahora más interesado en rescatarlo que en corregir su conducta. No lo juzgues; ora para que Jesús tenga compasión de él.

Si te hacen una invitación inmoral, los pasos siguientes te ayudarán a evitar la situación sin romper la relación:

1. Conoce tus límites (lo que piensas que está mal, lo que no puedes controlar).

2. Reconoce que tu interpretación sobre un sistema de valores cristianos no es universal (eso te ayudará a no juzgar a tu amigo).

3. Acepta la responsabilidad de que el asunto es un problema para ti. (En vez de decir: "la Biblia dice que está mal", di: "¿sabes?, ese tipo de películas realmente me confunde".)

La evangelización: un estilo de vida 113

4. Desarrolla la conversación cambiando el asunto o sugiriendo uno diferente.

5. Evita la tentación de usar la ocasión para identificarte como cristiano (querrás asociar el cristianismo con el amor, la gracia y la esperanza, no con la abstención de lo que tu amigo piensa que es agradable).

Estos pasos asumen que ya has hecho algún estudio bíblico y búsqueda espiritual personal para determinar:

➤ lo que la Biblia dice acerca de las normas morales;
➤ lo que puedes o no puedes manejar personalmente;
➤ basado en lo anterior, cuáles son tus normas personales.

La falta de comunicación. En la mayoría de los casos, los cristianos y los no cristianos difieren totalmente en la visión del mundo y hablan lenguajes muy distintos. Fíjate en las preguntas sobre la visión del mundo en las páginas 87-91.

¿Quién soy? El no cristiano dice: "Soy un individuo aislado, un animal con un cerebro altamente desarrollado, surgido por azar"; o "soy Dios o parte de Dios".

¿Por qué estoy aquí? El no cristiano dice: "No sé" o "No tengo más objetivo que el que me propongo, como conseguir poder o placer o la aprobación de la gente"; o "hacerme como Dios por medio del conocimiento".

¿De dónde surgió el mundo? El no cristiano dice: "Surgió por azar".

¿Qué hay más allá del mundo? El no cristiano dice: "Nada"; o "no estoy seguro"; o "seres espirituales, pero ningún Dios al que deba rendir cuentas".

La manera en que una persona responde a estas preguntas determina sus valores y finalmente su conducta. Para comunicar el amor y la verdad de Dios a un no cristiano, necesitamos utilizar términos que pueda comprender y comenzar desde un punto que considere de importancia. Así que, necesitamos escuchar su lenguaje y saber cómo inconscientemente responde a esas cuatro preguntas. Debemos evitar el uso de términos cristianos (salvación, expiación, nuevo nacimiento, justicia, etc.), que no tienen sentido alguno para los no cristianos. Ellos están en tinieblas, así que tenemos que utilizar un lenguaje claro y encontrarlo en el sitio donde está. También nos corresponde asegurar nuestra visión del mundo y valores para que no seamos amenazados o confundidos por los de la otra persona.

La pérdida de tiempo. Cualquier relación toma su tiempo y la mayoría de los cristianos tienen demasiados compromisos. Observa tu agenda para ver cómo puedes establecer relaciones con no cristianos en tus actividades habituales: trabajo, descanso, actividades sociales con otros cristianos. Pregúntale a Dios qué actividades debes suprimir para hacer tiempo para los incrédulos.

El fracaso. Recuerda que Dios es el responsable del renacimiento espiritual sano y que solo eres su colaborador.

Si sientes que careces de los dones necesarios: hospitalidad, organización, habla fluida, capacidad para dirigir un estudio bíblico, lo más probable es que tengas razón. Dios dotó a los cristianos con diferentes dones para que pudieran trabajar juntos como un Cuerpo. Busca a otros cristianos para orar y trabajar juntos en equipo.

LIBROS SOBRE LA EVANGELIZACIÓN

Hanks, Billie. *Un llamado al gozo.* El Paso, Texas: Editorial Mundo Hispano, 1999.

Hanks, Billie. *Un llamado al crecimiento.* El Paso, Texas: Editorial Mundo Hispano, 1999.

Fanini, Nelson. *Hoy es día de buenas nuevas.* El Paso, Texas: Casa Bautista de Publicaciones, 1998.

Lewis, Larry L. *Manual para plantar iglesias.* El Paso, Texas: Casa Bautista de Publicaciones, 1998.

El cuerpo de Cristo

La comunidad cristiana

1. ¿Qué es la comunión? El término comunión (también traducido como "compañerismo", "comunicación", "contribución" y "participación"), procede de una raíz griega que quiere decir "tener parte en" y también "dar parte en". Significa formar parte activa de algo: un negocio, una fraternidad, un matrimonio o un encuentro con Dios. Tener comunión con Cristo no significa ser sólo parte de su familia; significa que él está activamente involucrado con nosotros, que participamos activamente día a día en su tarea (el establecimiento del reino de Dios) y que compartimos activamente en la vida de nuestros colegas (otros cristianos). La comunión con otros significa:

Las relaciones; pertenecerse mutuamente, compartir la vida de Dios que tenemos porque su Espíritu vive en nosotros.

La comunicación a un nivel personal y espiritual más profundo; compartiendo lo que Dios nos enseña por la Biblia, por nuestras luchas e intuiciones que ellas nos dan acerca de Dios y animarnos mutuamente para vivir en medio de esas luchas tal como Cristo lo haría. El centro y lo que nos une en nuestras relaciones y comunicación es Dios, su Palabra y su obra en nuestras vidas.

La asociación; somos socios en los negocios del Reino (Fil. 1:5).

Compartir las posesiones materiales (Hech. 2:44, 45): los miembros de un cuerpo, los hermanos de sangre y los socios en negocios, se preocupan los unos por los otros.

2. ¿Cómo se relaciona la comunión con otros cristianos con la comunión con Dios?
Ser cristiano es ser:

➤ una rama de la vid: Cristo (Juan 15:1-8);

➤ un miembro del Cuerpo (1 Cor. 12:1-26);
➤ un hijo renacido del Padre (Juan 1:12, 13).

Estamos unidos a él tan íntimamente que nuestra identidad y hasta nuestra propia vida dependen de él. Tenemos comunión unos con otros porque somos ramas de la misma vid, miembros del mismo cuerpo e hijos del mismo Padre. Aquellos que aman al Padre naturalmente aman a sus otros hijos. Tus manos tienen un gran interés en el bienestar de tus pies.

> Si uno de los miembros sufre, los demás comparten su sufrimiento; y si uno de ellos recibe honor, los demás se alegran con él (1 Cor. 12:26).

3. ¿POR QUÉ NECESITO UNA COMUNIDAD CRISTIANA? En una cultura individualista, podemos ser tentados a pensar que podemos seguir a Cristo solos. Pero necesitas a otros cristianos...

Para ayudarte a crecer a la semejanza de Cristo. Mira en qué aspectos el Nuevo Testamento dice que debes crecer: amor, paciencia, perdón, compasión, bondad, benevolencia, autocontrol, paciencia y ánimo. Casi todos estos tienen que ver con relaciones. Los no cristianos pueden cargar tu paciencia y compasión, pero los creyentes a los cuales has abierto tu vida te impulsarán a niveles de perdón nunca soñados.

Para ayudarte a testificar de la verdad del evangelio. Jesús dijo: "De este modo todos sabrán que son mis discípulos, si se aman los unos a los otros" (Juan 13:35). Para todos los creyentes él pidió: "Permite que alcancen la perfección en la unidad, y así el mundo reconozca que tú me enviaste y que los has amado a ellos tal como me has amado a mí" (Juan 17:23).

El mundo sabe que el amor desinteresado y la unidad son humanamente imposibles. Cuando los cristianos muestran un verdadero amor mutuo y sacrifican sus preferencias

La comunidad cristiana

en aras de la unidad, el mundo es atraído. Ninguna predicación es comparable al impacto del amor entre los cristianos.

Para ayudarte a hacer la obra del reino. Ningún cristiano posee todos los dones necesarios para extender el evangelio, hacer discípulos maduros, ayudar a los necesitados y combatir a Satanás. Dios nos ha dado diferentes dones para hacernos depender unos de otros y trabajar juntos como una unidad.

Para adorar juntos. La Biblia nos exhorta repetidamente a adorar juntos y no solamente con nuestra oración privada. Dios es tan grande que solo puede ser adorado adecuadamente por su pueblo reunido en comunidad. Al principio puede resultar difícil concentrarse en la alabanza por un tiempo.

Para expresar a Cristo. Es muy importante ser capaces de recibir poder y amor directamente de Dios, pues, en última instancia, él es la fuente y no las personas. Pero Dios nos ha hecho de modo que en ocasiones necesitemos el amor "envuelto en piel". Necesitamos el ánimo, el afecto, las oraciones y la ayuda práctica de los demás en el nombre de Cristo. Dios estableció su reino de modo que nadie pueda sobrevivir o llevar fruto sin la ayuda de otros cristianos.

> Más valen dos que uno, porque obtienen más fruto de su esfuerzo. Si caen, el uno levanta al otro. ¡ay del que cae y no tiene quien lo levante! Si dos se acuestan juntos, entrarán en calor; uno solo ¿cómo va a calentarse? Uno solo puede ser vencido, pero dos pueden resistir. ¡La cuerda de tres hilos no se rompe fácilmente! (Ecl. 4:9-12).

Para mantenerte en la vía. Es muy fácil errar acerca de lo que la Biblia dice o de lo que debemos hacer si solo contamos con nuestras fuerzas. Comenzamos apoyándonos en el Espíritu Santo, pero muy pronto confiamos excesivamente en nuestro discernimiento y sabiduría. La independencia orgullosa invita a Satanás a descarriarnos.

> El que ama la disciplina ama el conocimiento, pero el que la aborrece es un necio (Prov. 12:1).

Compartir con otros las ideas que has extraído de la Biblia, los ayudará y te capacitará para ver matices que no habías notado antes (Prov. 27:17).

Para ayudarte a rendirte a Dios. Frecuentemente, nuestra poca disposición para involucrarnos con otros creyentes surge menos de la confianza en uno mismo que del temor a ser herido. Dios quiere tratar precisamente ese temor. Cuando (y no si) somos heridos, el dolor nos arroja a los brazos del Padre y descubrimos que él es capaz de sanar la herida cuando perdonamos. Entonces crecemos y estamos más dispuestos a confiarle el control de nuestra vida. Escoger no protegernos a nosotros mismos hace posible confiar en Dios y amar a las personas.

4. ¿CÓMO DEBO RELACIONARME CON OTROS CRISTIANOS? Analiza los siguientes pasajes "unos a otros":

> ...también ustedes deben lavarse los pies los unos a los otros (Juan 13:14).

> Que se amen los unos a los otros. Así como yo los he amado, también ustedes deben amarse los unos a los otros (Juan 13:34).

> Ámense los unos a los otros con amor fraternal, respetándose y honrándose mutuamente (Rom. 12:10).

> Por tanto, dejemos de juzgarnos unos a otros (Rom. 14:13).

La comunidad cristiana

...sino que sus miembros se preocupen por igual unos por otros (1 Cor. 12:25).

...sírvanse unos a otros con amor (Gál. 5:13).

No dejemos que la vanidad nos lleve a irritarnos y a envidiarnos unos a otros. (Gál. 5:26).

Ayúdense unos a otros a llevar sus cargas (Gál. 6:2).

siempre humildes y amables, pacientes, tolerantes unos con otros en amor (Ef. 4:2).

Más bien, sean bondadosos y compasivos unos con otros, y perdónense mutuamente, así como Dios los perdonó a ustedes en Cristo (Ef. 4:32; comparar con Col. 3:13).

Sométanse unos a otros, por reverencia a Cristo (Ef. 5:21).

Dejen de mentirse unos a otros (Col. 3:9).

Preocupémonos los unos por los otros, a fin de estimularnos al amor y a las buenas obras (Heb. 10:24).

... animémonos unos a otros (Heb. 10:25).

Hermanos, no hablen mal unos de otros (Stg. 4:11).

No se quejen unos de otros, hermanos (Stg. 5:9).

Confiésense unos a otros sus pecados, y oren unos por otros, para que sean sanados (Stg. 5:16).

Practiquen la hospitalidad entre ustedes sin quejarse (1 Ped. 4:9).

Finalmente:

> No hagan nada por egoísmo o vanidad; más bien, con humildad consideren a los demás como superiores a ustedes mismos. Cada uno debe velar no solo por sus propios intereses sino también por los intereses de los demás (Fil. 2:3, 4).

Las claves para la unidad son:

➤ Amar desinteresadamente.
➤ Perdonar generosamente.

Pídele ayuda a Dios para conseguirlo.

5. ¿POR QUÉ DEBO ESCOGER UNA IGLESIA ESPIRITUALMENTE FUERTE? Necesitas una comunidad que adore, donde haya cristianos maduros de los que puedas conseguir consejo y corrección, y que te ofrezca oportunidades para aprender lo que enseña la Biblia. También necesitas un pequeño grupo de creyentes que te conozcan bien y con quienes te hayas comprometido.

Busca la fe cristiana bíblica. Las iglesias pueden variar en algunas creencias concretas, pero hay algunas que son fundamentales y son compartidas por todas las iglesias verdaderamente cristianas.

➤ Dios es una trinidad: Padre, Hijo y Espíritu Santo, los tres el mismo Dios y, sin embargo, distintos.
➤ Cristo es totalmente Dios y totalmente hombre.
➤ Cristo murió por nuestros pecados, fue muerto y sepultado y al tercer día se levantó de entre los muertos y ascendió al Padre.
➤ La única manera de reconciliarse con Dios es por medio de la fe en Jesucristo y su obra en la cruz.

La comunidad cristiana

➤ La Biblia es la fuente suficiente, confiable y autorizada de la verdad acerca de la fe.
➤ La Iglesia es la comunidad de los que afirman estas verdades.

Cuando te interese una iglesia, pregunta estas cuestiones vitales. Escucha si la predicación las promueve o las socava.

Observa si la iglesia vive su fe. ¿Está la sana doctrina estimulando al amor, la compasión, la obediencia y la adoración?

Asegúrate de que podrás funcionar en su estructura. Las iglesias emplean diferentes formas de gobierno (obispos, grupos de ancianos, congregaciones independientes, etc.). Existen variantes en la comprensión del simbolismo de las ceremonias (especialmente el bautismo y la Cena del Señor). Los estilos de adoración van desde los antiguos cantos a himnos y órganos, y hasta guitarras y tambores; desde la profunda reverencia hasta la libertad relajada. Opiniones acerca del ministerio de los laicos, en especial de mujeres, también varía mucho. Finalmente, algunas iglesias ponen énfasis en las necesidades de los niños mientras otras lo hacen con los adolescentes, los solteros, las parejas o los ancianos. No te unas a una iglesia si no puedes aceptar su estilo o si no atiende alguna necesidad que consideras de importancia.

Debes recibir alimento espiritual. Busca enseñanza práctica, adoración que te acerque a la presencia del Padre y grupos pequeños que te permitan involucrarte.

Busca el lugar donde puedas servir mejor y no donde encuentres mayor satisfacción a tus necesidades. Tus necesidades y preferencias son importantes, pero no son las únicas importantes. Dios puede llamarte a una iglesia que no tenga tu "sabor favorito", probablemente tengas algo que dar allí. Usa todos los recursos de tu discernimiento para decidir dónde servir.

Reúnete con los líderes. Pregúntales acerca de sus creencias y de su visión sobre el compañerismo entre los creyentes. ¿Es una visión que puedes adoptar?

Asegúrate de que el sistema de autoridad es bíblico. Es posible encontrar apoyo bíblico para los obispos, los ancianos o la votación congregacional. Sin embargo, Jesús nos previene fuertemente contra exaltar a alguna persona al nivel de autoridad absoluta sobre los demás en la iglesia o la comunión.

> Pero no permitan que a ustedes se les llame "Rabí", porque tienen un solo Maestro y todos ustedes son hermanos. Y no llamen "padre" a nadie en la tierra, porque ustedes tienen un solo Padre, y él está en el cielo. Ni permitan que los llamen "maestro", porque tienen un solo Maestro, el Cristo (Mat. 23:8-10).

Jesús no está tirándose de los cabellos por los títulos; él está prohibiendo la actitud de exaltar demasiado alto a alguna persona pues eso conduce a la dominación, el control y la idolatría. Algunas señales de que un líder tiene una autoridad poco saludable sobre un grupo son:

➤ Los miembros del grupo se identifican más como "seguidores de fulano de tal" que como "seguidores de Jesucristo".
➤ La necesidad de las personas de ser tenidas en cuenta y afirmadas, se utiliza para controlarlas.
➤ El líder se presenta como perseguido por los de afuera, o como que trabaja tan duro a favor del grupo que es vergonzoso trabajar menos de lo que él o ella lo hace.
➤ La amenaza de rechazo o condenación se utiliza para controlar la conducta de las personas.
➤ La disciplina es muy estricta y se hace sentir culpables a aquellos que no cumplen totalmente.
➤ El líder es presentado como bueno mientras usted es malo.

La comunidad cristiana

- Todos los que no pertenecen al grupo no están salvados ni son santos. Solo los miembros del grupo son libres y santos. A los que pretenden abandonar el grupo, se les amenaza con la perdida de la salvación o el desastre.
- Se previene contra las amistades o consejos fuera del grupo pues los de afuera están en el engaño y el mal.
- El grupo intenta controlar los pensamientos y sentimientos lo mismo que la conducta.
- Cualquier problema o pérdida del control es culpa del diablo. Con frecuencia se realizan exorcismos.
- El derecho de los individuos a escoger se suprime a favor de la conducta correcta. Los líderes toman por los miembros todas las decisiones diarias.
- A menudo se acusa a los miembros de rebelión.

Puede ser que no encuentres todos estos síntomas en un grupo, pero piénsalo otra vez si encuentras alguno de ellos. Dios invita a las personas a ser santas, pero él nunca fuerza o avergüenza a nadie para que obedezca. En un grupo de creyentes amantes debe haber alguna autoridad, pero asegúrate de que el cuerpo tiene una clara comprensión de la gracia así como de la santidad.

Una vez integrado, comprométete. Si has orado, buscado consejo, hablado con los líderes y has decidido que puedes seguir la visión de ese grupo, hazlo. Cuando veas algún problema sé parte de la solución, en lugar de renunciar disgustado. Recuerda que toda iglesia es un hospital para pecadores y no un club para santos perfectos.

Libros sobre la comunidad cristiana

Arrastía, C. *Tentación y misión*. El Paso, Texas: Casa Bautista de Publicaciones, 1998.

Sánchez, D. R. *Cómo sembrar iglesias en el siglo XXI*. El Paso, Texas: Casa Bautista de Publicaciones, 2003.

Finnell, D. *Iglesias célula*. El Paso, Texas: Editorial Mundo Hispano, 2000.

Cómo comenzar un grupo pequeño

1. ¿Por qué necesito un grupo pequeño? En las páginas 116-118 se describe por qué necesitamos una comunidad cristiana. Una gran iglesia puede llenar algunas de las funciones, pero muchas otras exigen un pequeño grupo de personas que te conozcan bien y con quienes estés comprometido:

➤ compartir lo que el Señor te ha estado enseñando, por lo que estás agradecido, o algún otro don para edificar el cuerpo de Cristo (1 Cor. 14:26);
➤ confesar tus pecados y orar unos por otros para la sanidad de otros (Stg. 5:16);
➤ aprender a usar tus dones para el ministerio en un medio seguro; orar juntos en voz alta;
➤ animarse mutuamente en las luchas cotidianas;
➤ buscar consejo;
➤ orar diariamente por las necesidades que conoces de otros;
➤ estudiar la Biblia juntos;
➤ hacerse preguntas acerca de la Biblia o de la fe;
➤ practicar el amor sacrificial en situaciones vulnerables.

Todo esto exige confianza, conocimiento íntimo y tiempo. Algunas pueden hacerse aisladas, pero aprenderás mucho más observando como el grupo ayuda a uno de sus miembros en una lucha difícil o como se profundiza en el estudio de un pasaje de la Biblia. Tu grupo pequeño es tu sistema de apoyo cuando estás:

➤ enfermo y necesitas oración o ayuda en alguna necesidad práctica;
➤ ante una decisión difícil;

Cómo comenzar un grupo pequeño

➤ luchando con un pecado recurrente;
➤ sintiendo que desmayas.

2. ¿POR QUÉ ES NECESARIO TENER UN GRUPO PEQUEÑO FORMAL?

Una asociación suelta de amigos que se reúnen raramente no es tan efectiva como un grupo que se reúne frecuentemente como un equipo (idealmente una vez por semana). Han de reunirse con frecuencia si van a:

➤ conocerse bien unos a otros;
➤ saber lo que ocurre en su vida;
➤ aprender regularmente de las ideas de los otros acerca de la Biblia;
➤ actuar como socios en el evangelio.

3. ¿QUÉ SE REQUIERE PARA HACER QUE UN GRUPO PEQUEÑO FUNCIONE?

Define su propósito. Existen muchas clases de grupos con distintos énfasis, niveles de compromiso, exigencias de tiempo, etc. (Mira el libro sugerido en la página 126.) Un grupo equilibrado incluye los elementos siguientes:

➤ adoración con cantos, alabanza y acción de gracias;
➤ estudio de la Biblia, incluyendo su aplicación a la vida;
➤ compartir asuntos personales (incluso la confesión y la discusión si fuera necesario);
➤ oración (especialmente unos por otros y por tus motivos);
➤ extensión (compromiso con otros ya sea oración por las misiones o los incrédulos, cuidado pastoral o servicio a otros en la iglesia, etc.).

Evita el orgullo. El orgullo es el principal asesino de pequeños grupos. En privado, llámale la atención a cualquiera que pretenda utilizar el grupo como plataforma para hacer gala de su conocimiento. Pon límite a los que hablan demasiado, anima a los tímidos a abrirse. No permitas que las discusiones degeneren en ejercicios intelectuales; tu meta es dejar que las Escrituras cambien tu vida.

4. ¿PUEDO ESTAR TOTALMENTE ABIERTO A LOS MIEMBROS DE MI GRUPO PEQUEÑO? Los puritanos decían: "Ten comunión con unos pocos, sé íntimo de solo uno. Trata justamente con todos, no digas mal de ninguno".[1]

Necesitas a uno o dos amigos cristianos a quienes puedas confesarles cualquier pecado y discutir cualquier preocupación (ver página 158). Por tanto, necesitas un grupo pequeño de seis a doce amigos cristianos con quienes puedas compartir todas las cosas. Finalmente, necesitas también un cuerpo mayor de creyentes con los que puedas adorar y trabajar.

LIBROS SOBRE LOS GRUPOS PEQUEÑOS
Davis, Deena. *101 Mejores ideas para trabajar con grupos pequeños.* El Paso, Texas: Editorial Mundo Hispano, 2000.

NOTA
1. Jerry Bridges, *The Crisis of Caring* (La crisis del cuidado) (Colorado Springs, Colo.: NavPress, 1985), página 90.

LA VIDA EN EL MUNDO

Cómo tomar decisiones con discernimiento de la voluntad de Dios

El discípulo desea hacer lo que el Señor quiere. Esto exige conocer sus deseos. Es lo que llamamos discernir la voluntad de Dios.

1. ¿Qué queremos decir cuando hablamos de "la voluntad de Dios"?

La voluntad soberana de Dios. La Biblia dice que Dios tiene un plan para todo lo que acontece en el universo, el cual gobierna a cada nación y decide qué número saldrá cada vez que tiramos un dado. Este plan es secreto: no puedes prever la voluntad futura de Dios a menos que y tanto como él mismo la haya revelado por medio de un profeta bíblico. Es también cierto que: nada puede evitar que la voluntad soberana de Dios se cumpla.

Es un plan indirectamente ideal; incluye *actos de maldad* y decisiones equivocadas, pero que en última instancia, nos conducirán a la gloria de Dios.

Porque es secreto y cierto. Dios no espera que tú lo disciernas como parte de tomar tus decisiones (Prov. 16:33; 21:1; Dan. 4:35; Rom. 11:33-36; Ef. 1:1-11).

La voluntad moral general de Dios. Dios también ha revelado en la Biblia mandamientos y principios para enseñarnos cómo vivir. La Biblia contiene el cien por ciento de esa voluntad; de modo que no es secreta y se espera de nosotros que la discernamos y obedezcamos. Porque tenemos la capacidad de escoger, podemos ignorarla o desobedecerla; por lo tanto, no es segura.

La voluntad moral de Dios ha sido revelada sobrenaturalmente en su totalidad en la Biblia. Sus directrices son generales para todos los creyentes (Rom. 2:18; 1 Tes. 4:3; 5:18).

La voluntad individual de Dios. Los cristianos también creen que Dios tiene un "plan de vida ideal, detallado y completamente personal para cada persona"[1]. Incluye su voluntad moral y también cuestiones específicas como con quién te casarás y dónde has de vivir y trabajar este año. Las cuestiones específicas no son secretas ni seguras y no se encuentran en la Biblia; son reveladas a cada creyente.

Otros cristianos creen que Dios no tiene un plan detallado para lo que debes hacer en cada momento; en su lugar él desea que evalúes cuidadosamente según la sabiduría y los principios bíblicos, las circunstancias y tus deseos; que ores por sabiduría y dirección y que estés abierto a su intervención sobrenatural si ésta llegara a ocurrir. Si tu decisión cae dentro de la voluntad general moral de Dios, él la aprueba y serás bendecido.

Otros toman una posición intermedia: Dios deja muchas decisiones a tu libertad (dentro de su sabiduría y moral general), pero tiene al mismo tiempo algunos planes, misiones e instrucciones específicas para ti.

En cualquier postura que tengas sobre la voluntad individual, el denominador común al tomar decisiones es el discernimiento.

2. ¿QUÉ ES EL DISCERNIMIENTO? Es la capacidad de percibir la realidad tal como es. Lo opuesto, el engaño (acerca de la doctrina, las motivaciones de personas, las propias emociones y la voluntad de Dios) es inevitable a menos que discernamos.

Cuando Dios le preguntó a Salomón qué deseaba, éste respondió: "discernimiento para gobernar a tu pueblo y para distinguir entre el bien y el mal" (1 Rey. 3:9).

Varios de los términos usados para discernimiento (buen juicio) se relacionan con verbos que sugieren probar alimentos.

Cómo tomar decisiones con discernimiento de la... 129

En cambio, el alimento sólido es para los adultos, para los que tienen la capacidad de distinguir entre lo bueno y lo malo, pues han ejercitado su facultad de percepción espiritual (Heb. 5:14).

Así pues, el discernimiento es la capacidad de distinguir lo correcto de lo incorrecto, el bien del mal (2 Sam. 19:35), la verdad de la mentira, el tiempo y los procedimientos apropiados de los inapropiados (Ecl. 8:5). Esta capacidad se ejercita por la práctica, de la misma forma como un niño aprende a distinguir el brócoli y el helado y los alimentos frescos y los dañados. El discernimiento te ayuda a evitar llevar una verdad bíblica hasta extremos no bíblicos; desconfiar de las personas no adecuadas o a confiar en las personas buenas y a no dejar que tus emociones te descarríen.

3. ¿Qué dirección me ha dado Dios para ayudarme a discernir? Dios ha provisto para ti ocho áreas de dirección:

➤ la Biblia,
➤ los deseos personales,
➤ las circunstancias,
➤ el consejo maduro,
➤ los resultados/la experiencia,
➤ impresiones internas,
➤ medios sobrenaturales (sueños, visiones y voces audibles).

Tu trabajo consiste en sopesar los datos que recibes de estas fuentes y extraer de ellos una sabia y piadosa decisión. Mientras más importante sea ésta, mayor esfuerzo tendrás que hacer para considerar todos los datos.

El verdadero discernimiento debe estar arraigado en la realidad objetiva de la Biblia. A menudo tenemos sensaciones (impresiones interiores) específicas sobre alguna persona o curso de acción. Estas pueden ser pistas hacia la verdad, pero nunca actuemos basándonos en ellos exclusivamente sin confrontarlos con la realidad objetiva. La primera y más destacada realidad objetiva es la Biblia, la Palabra eterna de Dios (Sal. 119:66; Prov. 2:1,9; 28:7; 2 Tim. 3:16, 17).

Dios jamás te dará una instrucción que contradiga los mandamientos y valores expresados por él en su Palabra eterna. No solo no contradirá ninguna declaración de la Biblia, sino que tampoco lo hará con el espíritu general de la Palabra. Si tus sentimientos están de alguna manera en contradicción con las Escrituras, no proceden de Dios.

El discernimiento debe estar también enraizado en el resto de la realidad objetiva. Además de la Biblia (pero nunca en vez de ella), comprueba las circunstancias:

➤ hechos y evidencias de la verdad;
➤ cuidadosa investigación.

Por ejemplo: Si tienes algún mal sentimiento acerca de alguna persona, observa lo que él o ella hace. Si no puedes ver ninguna conducta perversa, haz por el momento tus sentimientos a un lado y trata a la persona como inocente hasta que se pruebe lo contrario. Si sientes que debes mudarte a otro pueblo, busca las razones concretas y objetivas por las que Dios pudiera desear que lo hicieras. Al escoger un trabajo, una casa, o una universidad, investiga mucho. Entonces escribe en un papel los pro y los contra de cada opción (Luc. 14:28-32).

Evalúa las circunstancias con sabiduría. Esto es, con sentido común y considerando la experiencia propia y de otros en áreas semejantes. "La sabiduría es el poder para ver y la inclinación para escoger la mejor y más alta meta junto con los medios más seguros para conseguirla"[2]. La sabiduría de Dios está dirigida hacia metas como la glorificación de Dios, el establecimiento de su reino y hacer que tú y otros se hagan más semejantes a Cristo. Así, en ocasiones la sabiduría de Dios puede contradecir la de los hombres que promueven el bienestar, el éxito y conseguir la aceptación de los demás. La Biblia es tu guía hacia las metas celestiales y lo medios legales.

Ora con reverencia, humildad y fe para conseguir sabiduría y dirección. Dios promete dar sabiduría a aquellos que oran y tienen actitudes de reverencia, humildad y fe (Prov. 9:10; 11:2; Stg. 1:5-8). Con su soberana voluntad, él puede anular todas tus selecciones (Stg. 4:13-16), y su necedad es más sabia que la sabiduría humana (1 Cor. 1:18—2:10). Así que no te vanaglories de tu intelecto, tus sensaciones internas o tus planes.

Busca y acepta la corrección.

> ¿Quién está consciente de sus propios errores? (Sal. 19:12).

> Al necio le parece bien lo que emprende, pero el sabio atiende al consejo (Prov. 12:15).

Pregunta a personas con una visión espiritual madura si conocen algún principio bíblico que se refiera a tu decisión o a lo que piensas que Dios te está diciendo. Consulta con personas que tengan una experiencia personal destacada si han aprendido algo que pueda ser de valor para tu decisión[3].

Ten en cuenta los deseos personales. Si tus deseos apoyan las metas de amar a otros y glorificar a Dios y no están en conflicto con los deseos de Dios, entonces son una buena guía. Es sabio comer lo que te gusta, casarte con la persona que amas, hacer el trabajo que te agrada. Solo confróntalos con las normas bíblicas.

Ten cuidado con las impresiones internas. Algunos cristianos piensan que las impresiones internas pueden ser la voz de Dios, en tanto que otros no lo consideran así. Sin embargo, todos concuerdan en que las impresiones internas pueden también proceder de Satanás, la carne, la inmadurez, las emociones, el estrés, el insomnio, etc. Así que, las impresiones internas deben siempre verificarse con la Biblia, el consejo sabio y la cuidadosa evaluación de la realidad objetiva. Si Dios quiere darte una instrucción especial que parece objetivamente necia (tal como le pidió a Noé construir un barco inmenso a kilómetros del mar), él lo hará lo suficientemente claro con sus medios sobrenaturales y probablemente lo confirme de varias maneras. Él nunca te dará alguna instrucción especial que viole su Palabra eterna.

Ten cuidado con las revelaciones sobrenaturales. Satanás y tu psiquis pueden fabricar sueños, visiones y voces audibles. Asegúrate siempre de que éstas estén totalmente de acuerdo con la Biblia y busca consejo sabio.

4. ¿Cómo puedo conseguir sabiduría y discernimiento?
Practica una buena disciplina personal. El discernimiento exige entrenamiento diario. Esto implica separar tiempo todos los días para el estudio de la Biblia para aprender a qué sabe la voluntad de Dios; en cuanto a la oración, escuchando cómo suena la voz de Dios y para abrir tu corazón a la Palabra de Dios meditando en ella. También significa constancia en la adoración comunitaria, diligencia en refrenar tu genio, fidelidad en el trabajo, etc. Todas estas disciplinas te entrenarán para actuar correctamente en lugar de dejarte llevar por las emociones.

No puedes aprender sobre el espíritu y los detalles de la Biblia leyéndola solo ocasionalmente; tienes que hacerlo a diario si has de alcanzar discernimiento. De otra manera, cualquiera podrá citar un par de versículos para apoyar una doctrina o un curso de acción y no tendrás forma de saber si esa persona los está tergiversando o si la Escritura contiene algún otro pasaje que los equilibre.

Cómo tomar decisiones con discernimiento de la... 133

Practica la disciplina emocional. Las emociones y las intuiciones son pistas valiosas acerca de lo que ocurre dentro de ti. A veces apuntan a lo que Dios desea. Préstales atención, pero no actúes según lo que sientes, sino según lo que sabes. Deja que la meditación en las Escrituras y la disciplina de estar quieto ante el Señor te entrenen para hacer lo que es correcto a pesar de tus sentimientos. Mientras más consistentemente actúes bajo presión, distinguirás mejor la voz de Dios de aquella que viene de tus propios sentimientos.

Practica tomando decisiones sabias. El discernimiento se consigue con la práctica diaria y el cultivo de la disciplina, el ejercicio del discernimiento y la búsqueda de corrección. "...el alimento sólido es para los que han alcanzado madurez, para los que por el uso tienen los sentidos ejercitados en el discernimiento del bien y del mal" (Heb. 5:14).

Busca activamente el discernimiento (Proverbios 2:1-5).

Desconfía saludablemente de tu discernimiento y especialmente de tus sensaciones. A medida que tu discernimiento crece, menos probable será que estés cien por ciento seguro de que algo es la voluntad de Dios o el mejor curso de acción (Prov. 11:2). Si pudieras confiar absolutamente en tu propio discernimiento no tendrías que confiar en Dios.

Confía en que Dios es mayor que tus errores (pero no abuses de su generosidad). Dios te sacará de un lío en que te hayas metido después de un esfuerzo honesto para obedecerle. Pero para enseñarte, él podrá hacerte cosechar la pena del lodo en que te has metido por tu descuido. Si estás seguro de estar dentro de su voluntad moral y has hecho tu mejor esfuerzo para emplear la sabiduría, relájate.

Evita los consejeros y los aliados espirituales necios e indisciplinados. Si no puedes discernir sin ejercer disciplina, ¿cómo podrá hacerlo otra persona? No aceptes consejo de alguien indisciplinado en el estudio bíblico, la oración, el trabajo, el genio, o en cualquier área. Ser disciplinado no quiere decir que no vas a tropezar, sino que la dirección de tu vida es estable. Si haces negocios o te casas con un indisciplinado, prepárate para la desilusión y las decisiones erróneas.

Nunca confíes en el discernimiento de alguien cuyas palabras causan heridas o confusión en lugar de sanidad. Ésta es otra clase de realidad objetiva. Si el consejo o la información de alguno una y otra vez te hace pedazos a ti y a otros, en lugar de edificar y convencer, no confíes en esos consejos ni creas tales informaciones (Prov. 11:12; 12:18; 26:24, 25; Mat. 7:15, 16; Stg. 3:13-18).

5. ¿CÓMO SE APLICAN LOS PRINCIPIOS DEL DISCERNIMIENTO PARA TOMAR DECISIONES SABIAS EN SITUACIONES CONCRETAS? Hay varias preguntas que debes hacerte cuando vas a decidir qué es lo que Dios quiere o lo que es sabio en alguna situación concreta:

¿Está de acuerdo esta decisión con la eterna Palabra de Dios? Quiere decir, no versículos aislados fuera de contexto, sino con el espíritu de la Palabra total.

¿Es la decisión consecuente con el carácter de Dios? Dios nunca te dirá nada que no sea amoroso, amable, cortés (1 Cor. 13:4-7 y Gál. 5:22, 23. Por ejemplo, él puede pedirte que te enfrentes a alguno por causa de una ofensa, pero nunca te dirá que lo hagas con ira o condescendencia. Puede pedirte que te hagas misionero, pero nunca te exigirá que lo hagas súbitamente si eso fuera un escándalo para tu familia. Dios tiene en su corazón el mayor bien para todos.

¿Es una decisión sabia? (Ver sabiduría y discernimiento).

¿Proviene de Dios todo lo que la decisión implica? Nuestro corazón tiende a elaborar lo que Dios dice. Al buscar la dirección de otros, pon atención al equilibrio bíblico. Puedes haber escuchado de Dios que él te ha escogido una esposa, pero ¿escuchaste también que la persona es de esta y de esta otra manera?

¿Es la decisión confirmada por otros miembros del cuerpo de Cristo, cristianos maduros y respetados y que me conocen bien? Escucha la dirección de tus líderes. Si alguien con autoridad te corrige, no vayas buscando a alguien que apoye lo que deseas creer. Si no cuentas con cristianos maduros respetados por muchos otros, y que te conocen bien, toma pasos deliberados para hacer algo al respecto. La ruta más segura al engaño es andar por ti mismo sin rendirle cuentas a nadie.

¿Es persistente la Palabra que te ha conducido a esa decisión? Si Dios te está conduciendo en alguna dirección, él llamará tu atención sobre ello. Tómate tiempo para comprobar la dirección con la realidad objetiva y consejeros respetables. Conserva tu corazón abierto a la corrección.

¿Es la dirección que te ha conducido a esa decisión consecuente con direcciones dadas por Dios anteriormente? Si después de mucha oración, lectura de la Palabra, consejo de creyentes respetados y que te conocen bien, y de una confirmación objetiva has decidido que Dios quiere que hagas algo, cíñete a esa decisión. Si viene alguien a decirte: "Dios me dijo que te dijera que debes hacer otra cosa distinta", no lo creas sin una evidencia incontrovertible de que Dios tiene un nuevo camino para ti.

6. ¿Qué dice Dios acerca de la afirmación "Dios me ha dicho"?

No pronuncies el nombre del Señor tu Dios a la ligera. Yo, el Señor, no tendré por inocente a quien se atreva a pronunciar mi nombre a la ligera (Éxo. 20:7).

¿Hasta cuando seguirán dándole valor de profecía a las mentiras y delirios de su mente?... Yo estoy contra los profetas que sueltan la lengua y hablan por hablar —afirma el Señor— (Jer. 23:26, 31).

No todo sueño, sensación o impulso procede de Dios. Antes de que digas: "el Señor me dijo", asegúrate de estar en lo cierto.

Notas

1. Las definiciones de las tres clases de voluntad de Dios son de Garry Friesen y J. Robin Maxson, *Decision Making and the Will of God* (La toma de decisiones y la voluntad de Dios) (Portland, Oreg.: Multnomah Press, 1980), páginas 32-36. Friesen es el actual ponente principal del punto de vista de que Dios no tiene una voluntad individual para la vida de cada persona. Su libro analiza ambos puntos de vista y es un buen libro sobre el tema. Para un completo tratamiento del punto de vista opuesto ver Charles Stanley, *How to Listen to God* (Cómo escuchar a Dios) (Nashville: Oliver-Nelson Books, 1985).
2. J. I. Packer, *Knowing God* (Cómo conocer a Dios) (Downers Grove, Ill.: InterVarsity Press, 1973), página 80.
3. Friesen, página 197. Su consejo sobre el aprendizaje y el obrar con sabiduría es valioso ya sea que pienses o no que Dios tiene una voluntad individual para tu vida.

Cómo tomar decisiones morales

1. ¿Cómo puedo decidir sobre lo que es bueno y lo que es malo? En Romanos 14:1—15:3 y 1 Corintios 8:1—11:1 encontramos algunas guías importantes.

Aprende a distinguir entre los temas de mandamiento y los temas de libertad.[1]

La Biblia dice que algunas cosas son correctas en todos los casos: amor, gozo, paz, paciencia, amabilidad, bondad, fidelidad, gentileza, autocontrol, veracidad, compasión, perdón, santidad, gratitud, buena mayordomía de los recursos, etc.

La Biblia dice que algunas cosas son malas en todos los casos: sexo fuera del matrimonio, lujuria, libertinaje, idolatría, brujería, odio, discordia, celos, ira, ambición egoísta, disensiones, facciones, envidia, borrachera, avaricia, obscenidad, palabras vanas, chistes groseros, codicia, difamación, malicia, engaño, etc.

Hay cosas que la Biblia no menciona explícitamente: Son "cuestiones de opinión" (Rom. 14:1-7; 1 Cor. 10:23, 24) incluyen la asistencia al cine, mirar la televisión, trabajar los domingos, nadar juntos hombres y mujeres, el beso entre parejas no casadas, el uso de maquillaje, jugar por recreación, etc.

En cuestiones de opinión, fórmate tus convicciones.

¡Tú eres quien tendrá que dar cuenta a Dios de tus decisiones! Así que pregúntate:

➤ ¿Hay algo malo con esta actividad? (¿Me conducirá a cometer algún pecado mencionado en la Biblia?)
➤ ¿Me es de alguna manera beneficioso?

- ¿Edificará espiritualmente a alguien?
- ¿Me complace a expensas de alguien?
- ¿Puedo dar gracias a Dios por ello?
- ¿Glorificará a Dios?
- ¿Vale la pena imitarlo?
- ¿Sigue el ejemplo de Cristo?

Necesitas conocer tus límites. Algún sitio o actividad puede ser una tentación para alguien, pero a otro puede no afectarlo en absoluto. Sé honesto contigo mismo.

Las actividades beneficiosas y edificantes incluyen la recreación para restaurar tus capacidades de servicio a Dios. También puedes asistir a alguna actividad para mostrar amor por un no cristiano que te ha invitado (ver pp. 110, 159). En tanto que una actividad no te tiente a pecar (conoce tus límites) y pueda ser una oportunidad para hacer amistad con un incrédulo, puede ser correcto participar en ella. Por esta misma razón, Cristo asistió a fiestas con pecadores (Mat. 9:10-13; 11:19).

Obedece a tu conciencia. Si por algún momento crees en tu corazón o conciencia que algo es pecado, para ti lo es (Rom. 14:23). Ir contra tu conciencia (aun si no está bien informada) es escoger rebelarte contra Dios. Puede llegar a ser "el primer paso cuesta abajo de la libertad al libertinaje"[2] y aprenderás a ignorar tu conciencia. Así que no permitas que nadie te presione a hacer algo que consideras malo.

Concede a los demás cristianos la misma libertad de elección. Aunque los cristianos difieren en sus opiniones y convicciones, debemos mantener la aceptación y la unidad en las relaciones. No menosprecies a otro creyente porque hace algo que tú consideras erróneo o que se abstiene de algo que consideras permitido. Los juicios "legalistas" y/o los "liberales" son incorrectos. Amonesta con amor al cristiano que practique alguno de los vicios mencionados en las

Cómo tomar decisiones morales

Escrituras, disciplinándolo por la iglesia si fuera necesario, pero deja que Dios se ocupe de los asuntos de opinión.

Deja que el amor limite tu libertad. El apóstol Pablo describe al "hermano débil", quien observa que haces algo que considera malo y es entonces tentado a imitarte violando su propia conciencia. Es una persona débil en sus convicciones, conocimiento bíblico, conciencia y voluntad; no está asido firmemente de lo que bíblicamente es bueno o malo y fácilmente se deja llevar por los demás. Cuando un hermano más débil pueda ser tentado a pecar contra su conciencia, debes restringir voluntariamente tu libertad, aun si piensas que él no estaría pecando realmente contra Dios al imitar tu acción. Si lo cree pecado, para él lo es (Rom. 14:23).

Los fariseos no tienen que limitar tu libertad. Amar no significa que tengas que limitar tu libertad siempre que alguno se queje. Jesús no lo hizo cuando los fariseos se quejaban. Un fariseo es alguien que tiene fuertes convicciones, no es tentado a pecar contra su conciencia y se ofende cuando no te conformas a su punto de vista.

Rechaza ceder a sus presiones. Jesús no corría el riesgo de tentarlos y su interés principal era amar y sanar a los que estaban esclavizados, y la conformidad con ellos hubiera entorpecido su ministerio. Pablo se opuso a las reglas no bíblicas porque confundían a los nuevos creyentes haciéndolos pensar que eran necesarias para ser cristiano, comprometiendo así al evangelio.

Explícate con gracia cuando cuestionen tus convicciones.

Persigue la paz y el bien del fariseo. Si rechaza tus esfuerzos, déjalo tranquilo.

Aconseja a otros en la iglesia a evitar el fariseísmo, pero no muerdas a ningún fariseo en particular. Si algún fariseo comienza a dañar a otros o a deshonrar al Señor, confróntalo privadamente en amor sin asumir una postura de superioridad.

Aplica la disciplina de la Iglesia (Mat. 18:15-20) si la amonestación privada no consigue ayudar.[3]

Si no estás seguro de si alguien es un fariseo o si es un hermano más débil, trátalo como si fuera lo segundo y limita tu libertad.

Mira a Cristo quien te moldea y te capacita para el servicio. Limitar tu libertad por causa de otros y evitar enfadarte con los que te califican de legalista o liberal, es ir contra la corriente. Así que sumérgete en el ejemplo de Cristo y en su poder. Al seguir a Jesús, Pablo se propuso actuar en toda circunstancia de modo que Cristo fuera glorificado (1 Cor. 9:19-22). Si ello significaba abstenerse, se abstenía; si significaba participar, participaba. El pecado nunca hace atractivo a Cristo para los incrédulos; así que, por encima de todo, evitaba pecar.

2. ¿POR QUÉ DIOS SE PREOCUPA DE LOS PENSAMIENTOS Y LAS ACCIONES QUE SOLO ME AFECTAN A MÍ?

No existen acciones que no afecten a otros. El mundo y tu corazón rebelde quieren hacerte pensar que eres un individuo, pero "ningún hombre es una isla, enteramente dedicado a sí mismo; cada uno es una pieza del continente, una parte del todo".[4]

Cuando uno de sus soldados pecó, el ejército de Josué fue vencido en una batalla (Jos. 7). Esto es aun más cierto en el cuerpo de Cristo: "Si uno de los miembros sufre, los demás comparten su sufrimiento; y si uno de ellos recibe honor, los demás se alegran con él" (1 Cor. 12:26). Si eres perezoso acerca del tiempo que pasas con Dios o eres indulgente con el pecado, reduces la fuerza espiritual y la pureza del cuerpo al que perteneces.

No te perteneces.

Ustedes no son sus propios dueños; fueron comprados por un precio (1 Cor. 6:19, 20).

Cómo tomar decisiones morales

Si eres propietario de una casa, puedes hacer con ella lo que quieras; pero si la tienes en alquiler, eres responsable ante su dueño. Como le perteneces a Dios (pues te ha comprado del terrible yugo de la muerte), eres responsable de no abusar de tu mente, tu corazón y tu cuerpo.

Cada batalla cuenta. Cada acción o pensamiento, no importa cuán "privado", te conduce de alguna manera hacia el egoísmo y la autodestrucción o hacia el desinterés, el gozo y la vida eterna. Los pequeños pensamientos pueden llegar a hacerse hábitos y éstos pueden convertirse en obsesiones que pueden llegar a orientar toda la vida (Stg. 1:14, 15). La pérdida de una posición estratégica en tu guerra espiritual puede darle al enemigo la oportunidad de establecerse para lanzar más tarde un ataque mayor.[5]

Dios está más interesado en las actitudes que motivan lo que haces que en las acciones mismas. Él está interesado en formar en ti un carácter adecuado para el cielo. Tus acciones importan porque crean los hábitos que forman tu carácter.

3. ¿QUÉ DEBO HACER SI ALGUNO DE MIS CONOCIDOS ESTÁ PRACTICANDO EL PECADO?

Todos pecan; pero, ¿qué pasa si alguien practica un pecado como hábito?

> Por carta ya les he dicho que no se relacionen con personas inmorales. Por supuesto, no me refería a la gente inmoral de este mundo, ni a los avaros, estafadores o idólatras. En tal caso, tendrían ustedes que salirse de este mundo. Pero en esta carta quiero aclararles que no deben relacionarse con nadie que, llamándose hermano, sea inmoral o avaro, idólatra, calumniador, borracho o estafador. Con tal persona ni siquiera deben juntarse para comer.
>
> ¿Acaso me toca a mí juzgar a los de afuera? ¿No son ustedes los que deben juzgar a los de adentro? Dios juzgará a los de afuera. <<Expulsen al malvado de entre ustedes>> (1 Cor. 5:9-13).

Incrédulos. Están espiritualmente muertos, ciegos y prisioneros del "dominio de la tinieblas" (Col. 1:13). No debe sorprenderte que los incrédulos practiquen pecados que te disgusten. Para ser una luz en sus tinieblas, tienes que amarlos activamente y participar con ellos en su ambiente. Esto no significa que tengamos que participar en sus actividades pecaminosas pero sí puede significar, por ejemplo, compartir socialmente con una pareja no casada en el hogar que comparten.

Creyentes. Cuando una persona que "se llama hermano" está practicando un pecado, es responsable ante los demás cristianos. Todos son conjuntamente responsables de que el nombre de Cristo no sea deshonrado entre los incrédulos por causa de la conducta de uno que dice creer en él. Así, debes confrontar al hermano en privado. Si se arrepiente, perdónalo completamente. Si tienes que confrontarlo reiteradamente por el mismo pecado, pero tienes evidencia de que lucha honestamente contra él, perdónalo (Luc. 17:3, 4). Nunca rechaces confiar en alguien que en el pasado luchó con el adulterio, la homosexualidad, el chisme, etc. No retires tu amor y apoyo de alguien que todavía caiga en su lucha contra la tentación.

Sin embargo, si solo manifiesta su arrepentimiento verbalmente o no lo hace en absoluto y no parece tener intención de buscar el poder de Dios para cambiar, entonces, confróntalo con otros cristianos. Si esto fracasa, lleva el asunto a la asamblea (Mat. 18:15-17).

Nuevos creyentes. Un nuevo creyente necesita tiempo para darse cuenta de sus hábitos pecaminosos y comenzar a cambiar. No esperes que un recién convertido abandone súbitamente todos sus hábitos pecaminosos (probablemente tú no hayas abandonado todos los tuyos). En vez de ello, muéstrale tu amor cristiano.

Cómo tomar decisiones morales 143

Por medio de la Palabra y el ejemplo, enséñale la visión de la vida y los valores de un cristiano. Cuando un nuevo creyente llega a comprender el compromiso y el sacrificio, las razones para no hacer tales cosas se le harán obvias. Si tiene compañerismo contigo por un largo tiempo y no observas ningún cambio, entonces pasa a la categoría de creyentes que deben ser confrontados.

NOTAS

1. Gary Friesen y J. Robin Maxson, *Decision Making and the Will of God* (La toma de decisiones y la voluntad de Dios) (Portland, Oreg.: Multnomah Press, 1980), página 381. Mucho de esta enseñanza se basa en las consideraciones de Friesen.
2. Friesen, página 411.
3. Friesen, páginas 420-421.
4. John Donne, *"Meditation 17"*, John Donne: Poetry and Prose ("Meditación 17", John Donne: Poesía y Prosa), de Frank J Warnke (New York: Random House, 1967), página 339, ortografía actualizada.
5. C.S. Lewis, *Mere Christianity* (Mera cristiandad) (New York: Macmillan Publishing Company, 1943), páginas 76-78.

Cómo manejar las emociones

1. ¿Las emociones fuertes son buenas o malas? Frecuentemente las emociones están enraizadas en las respuestas físicas. El incremento de adrenalina que provoca palpitaciones del corazón, enrojecimiento de la cara, etc.; es la respuesta de tu cuerpo a una amenaza. Un flujo hormonal es la respuesta natural a la proximidad del sexo opuesto. La respuesta física es diferente dependiendo de la edad y de otras caracteristicas propias de la persona.

Una emoción es una interpretación de las circunstancias basada en lo que crees profundamente. Cuando recibes un empujón y experimentas un flujo de adrenalina, interpretas automáticamente la sensación física como ira o temor, dependiendo de cuál consideras sea la causa del empujón. Cuando alguien te hiere, interpretas la situación como una frustración de tus deseos o la negación de alguna necesidad y de acuerdo con lo que consideres te sentirás más o menos decepcionado, airado o experimentarás una amargura mayor o menor.

Las emociones son mensajes. Si te sientes enfadado o nervioso cuando tu esposa te presiona a hablar, tu corazón puede estar diciéndote: "Temo hacerme vulnerable ante esta persona, me importa la opinión que ella tenga de mi; temo que dejará de respetarme si llega a conocerme realmente; temo que si una mujer conoce mis secretos los usará para manipularme; no creo que Dios pueda ocuparse de mi necesidad de respeto y me pueda proteger del control de una mujer; nunca he perdonado a mi madre por ese afán de manejarme". Esta información extremadamente útil dice mucho de tu relación con Dios, con tu esposa y con tu madre.

Cómo manejar las emociones

La cuestión moral es lo que haces con la sensación. La sensación es lo que realmente crees. Pregúntate: ¿Es cierto lo que creo? ¿Necesito renovar mi mente en la verdad de Dios (Rom.12:1, 2)? ¿Cómo responderé?

Atiende a tus sensaciones, pero actúa (usa tu voluntad) según con lo que sabes (en tu mente) es cierto.

2. ¿Debo confiar en mis sentimientos de culpa?
La culpa es el sentimiento de haber violado tu código de conducta interior.[1]

La culpa es necesaria para el verdadero arrepentimiento. El arrepentimiento exige que estemos convencidos de que estamos equivocados y que Dios tiene razón. Jesús no puede ayudarnos hasta que no reconozcamos nuestra culpa.

Tu código interior puede ser impreciso. Muchas veces Satanás intenta desanimar a los creyentes estableciendo una norma imposible y condenándonos cuando fracasamos en su cumplimiento. Nunca nos sentimos perdonados porque no existe una verdadera culpa y Dios no nos condena. De la misma manera, puedes proponerte a ti mismo o aprender de tus padres normas poco realistas (nunca debo permitir que mi hijo se hiera; nunca debo pasar por alto una oportunidad de dar algo a alguien; nunca debo airarme).

Puedes acallar tu conciencia ignorándola cada vez que te advierte que no hagas algo. O ella puede aprobar una acción porque la sociedad o tu familia te ha enseñado a pensar que está bien. Muchas personas nunca se sienten culpables del sexo premarital porque éste es socialmente aceptado.

Evalúa tu conciencia con la verdad: la Palabra de Dios. Si te sientes culpable por alguna acción que la Biblia no condena, no te condenes tú. Si te sientes culpable por no haber cumplido perfectamente alguna norma bíblica, confiesa y recibe el perdón. No insultes a Cristo rechazando el perdón después de que su sacrificio ha sido aplicado a tu pecado. Dios no espera que seas perfectamente santo ya; es tu orgullo el que demanda perfección. De hecho, la humildad por causa de tu propia flaqueza es una de las cosas que Dios desea que aprendas.

3. ¿Debo confiar en el amor romántico? Sentir que andas como entre nubes es un aviso de que sientes una atracción sexual, o una señal, por haber encontrado una persona que dispara tu autoestima. Si eres inteligente, te tomarás por lo menos un año para conocerla bien y comprobar tus sentimientos con la realidad objetiva (ver páginas 129, 130) antes de hacer un compromiso legal (matrimonio). No te comprometas físicamente (sexo) antes de asumir los compromisos legales y espirituales que deben acompañarlo. El sentimiento de amor romántico no durará y será reemplazado por la ternura y la cercanía. Tu físico se colapsaría si tuviera que soportar para siempre el mismo estímulo inicial.

4. ¿Cómo puedo airarme sin pecar? Ira pecaminosa es cuando deseas que otra persona sufra por lo que ha hecho. Se convierte en raíz de amargura cuando te niegas a perdonar.

Evitas pecar si piensas: "Has frustrado mis deseos y es algo que siento muy profundamente. Pero como sé que Dios se ocupa de mis necesidades, estoy dispuesto a soportar sin desear tu sufrimiento; más bien, deseo que seas bendecido".

Si alguien choca tu automóvil, es justicia y no pecado esperar que te paguen la reparación. Escoger perdonar antes que alimentar la ira significa que no desearás el mal a la persona, aunque tengas que soportar la frustración.

NOTA
1. James C. Dobson, *Emotions* (Emociones) (Ventura, Calif.: Gospel Light Publications, 1980) página 18.

EL SUFRIMIENTO

1. ¿CÓMO PUEDE UN DIOS AMOROSO PERMITIR QUE LA GENTE SUFRA? Dios no disfruta viendo sufrir a la gente pero él utiliza el sufrimiento para conseguir buenos propósitos.

Para juzgar el pecado en general. Dios creó un mundo en el que los actos tienen consecuencias y otorgó a los humanos la capacidad de influir en los acontecimientos. Cuando Adán pecó, sometió todo su entorno terrenal a las enfermedades naturales, a los desastres y a la muerte. Cuando generaciones de pecadores han adoptado decisiones orgullosas y destructivas, han añadido la opresión política, la crueldad, la pobreza, la guerra y una legión de otros males.

Dios creó un mundo en el cual los hombres heredarían los beneficios de la sabiduría y bondad de sus antecesores y lo hemos transformado en uno en el que los hijos heredan defectos genéticos, pobreza, contaminación y abusos. Dios les permite sufrir a los "inocentes" porque, como raza, cosechamos lo que hemos sembrado. De esta manera Dios permanece fiel a las justas y amorosas leyes que estableció en la creación.

Para juzgar algún pecado específico. En ocasiones Dios envía el desastre a una nación a causa de su pecado reiterado, un infarto del corazón a alguien arrogantemente afanado, la ruina financiera a alguno que ha sido corrupto, y hasta la enfermedad a quien ha deshonrado la Cena del Señor (1 Cor. 11:28-30). Sin embargo, no debemos asumir que cualquiera que sufre lo hace a causa de algún pecado específico.

Para fortalecer nuestra fe. El sufrimiento es una de las mejores maneras de conformarnos a la semejanza de Jesús (Rom. 5:3-4; 8:28, 29; Stg. 1:2-4).

Para demostrar que nuestra fe es genuina. Satanás dijo que Job servía a Dios por propio interés y no por amor. Dijo que Job renegaría de Dios si sus bendiciones terrenales desaparecieran (Job 2:3-5). Esta declaración era un serio ataque en contra de la integridad de Dios (él no compra la lealtad de las personas) y a la del propio Job. Así que, Dios permitió que Satanás tentara a Job a traicionar a Dios para reivindicar tanto a Job como a sí mismo. Al soportar el sufrimiento sin renunciar a Dios, demostramos a todas las fuerzas de las tinieblas y de la luz, y también a las gentes en la tierra, que Dios merece nuestro amor a pesar de que no lo compra con bendiciones. También demostramos que damos nuestro amor generosamente y no por interés de obtener comodidades.

Para recordarnos la eternidad. Es fácil sentirnos orgullosos de las cosas que conseguimos con nuestros esfuerzos cuando todo va bien, pero el sufrimiento puede hacernos entender que siempre dependemos de Dios. Nos recuerda también que el bienestar terrenal es temporal y que lo que realmente importa es la eternidad.

Para hacernos más humanos. El sufrimiento es parte de la vida. Cuando sufres, te haces más vulnerable y más capaz de apreciar a las personas y el disfrute de la vida, más capaz de alcanzar a otros con tu compasión.

Para extender el evangelio. Las personas son atraídas hacia Cristo cuando ven cómo un creyente trata las crisis con gracia y confianza en Dios.

Para demostrar que lo mejor de Satanás no puede detener a Dios. Satanás odia a los verdaderos creyentes, así

El sufrimiento

que "...todos los que quieren vivir piadosamente en Cristo Jesús padecerán persecución" (2 Tim. 3:12). Cuando Dios transforma el ataque de Satanás en un triunfo del evangelio, prueba la fe de alguno. Dios demuestra que es soberanamente poderoso, sabio y bueno. Este es el tema principal de la guerra entre Dios y Satanás.

Para unirnos a Cristo. Dios mostró su compasión hacia nosotros al entrar en nuestro sufrimiento como un hombre. Cristo llevó sobre sí el sufrimiento de toda persona y él sufre con todo el que sufre. Cuando sufrimos, especialmente por otros, nos identificamos con nuestro Señor y lo conocemos más íntimamente. La madurez y unidad con Cristo que resultan son muy profundas.

2. ¿CÓMO PUEDO TRATAR CON MI PROPIO SUFRIMIENTO? Conoce que Dios lo utilizará para bien. Dios puede utilizar tu sufrimiento para conseguir uno o más de los propósitos mencionados, o para alguna otra bendición que no has podido ni siquiera imaginar (Rom. 8:28).

Procura usarlo para bien. Ora para que tu actitud en medio del sufrimiento glorifique a Dios y atraiga a los incrédulos hacia Cristo. Busca la oportunidad para aprender la compasión para que puedas consolar a otros que están afligidos de similar manera (2 Cor. 1:3-7). Deja que te haga más dependiente de Dios y te permita crecer en la fe; regocíjate de que el reclamo de Satanás (que los que sufre reniegan de Dios) es vano ante todas las fuerzas del universo.

Consigue apoyo. Persevera en la oración, el estudio de la Biblia y la comunión con otros creyentes. Busca a otros para orar contigo y por ti. Habla con personas de tu confianza de tus sentimientos, temores, dudas y esperanzas.

No racionalices. No construyas razonamientos acerca de por qué Dios ha permitido la tragedia (tales como: "Dios mató a mi hijo para enseñarme algo"). Acepta que no sabes por qué en lugar de inventar razones para sentirte mejor.

Concéntrate en lo bueno. Pon atención a las buenas personas y a las cosas agradables en tu vida y alaba a Dios por ellas.

3. ¿Qué debo hacer cuando Dios parece estar muy lejos?

Examina tus sentimientos e ideas. A veces Dios parece estar distante a causa de las ideas erróneas acerca de él.

¿Estás airado con Dios por algo que ha ocurrido? Si así fuera, cuéntale como te sientes. Dios permite que suframos las consecuencias de nuestros propios errores, inocentemente por causa de los errores de otros (un accidente de automóvil, una guerra, etc.) y por desastres naturales. Esto es parte de la realidad. Dios no se enfadará si le expresas honestamente tus sensaciones. Después que lo hayas hecho, recuerda la verdad acerca de Dios: Él te ama y es absolutamente justo, sabio y bueno.

¿Tienes miedo de Dios? Sumérgete en las Escrituras que te recuerdan que él es un Padre amante y perdonador y que Jesús ha satisfecho las justas demandas de su ira. Él no está enfadado contigo y te da la bienvenida a su presencia. Si tu padre terrenal era una persona que infundía miedo, puede resultarte muy difícil no atribuirle a Dios el mismo carácter. Si esto es así, da los pasos necesarios para perdonar a tu padre (mira la página 154). Pídele a Dios que te ayude a verlo tal como él es y no como lo imaginas.

¿Te sientes culpable? Evalúa tus sensaciones según las normas de la Biblia. Si no eres realmente culpable de cierto pecado, deshazte del sentimiento de culpa; si lo eres, confiesa.

Confiesa el pecado conocido. El pecado inconfesado es la única cosa que puede evitar realmente que percibas la cercanía de Dios. El pecado no hace que pierdas tu sal-

El sufrimiento

vación, pero sí impide que experimentes la presencia de Dios y recibas respuesta a tu oración. No persigas morbosamente tus faltas. En vez de ello, examina tu vida para eliminar cualquier amargura hacia alguien, inmoralidad, divisionismo, deseos impropios o idolatría.

Comprueba tus necesidades y deseos. Puedes sentirte deprimido porque alguna persona o las circunstancias están frustrando tu deseo de respeto (posición, reconocimiento) o amor (afecto, atención) y tu orgullo puede estar lastimado. Sostener estas frustraciones contra Dios puede hacer difícil el acercarte a él; o sentirte ofendido o que no vales nada puede encerrarte aun más en ti mismo. Meditar en los Salmos y pedir que otros oren por ti puede ser de mucha ayuda.

Cuida tu cuerpo. La falta de sueño, ejercicio y comida sana alimenta la depresión y socava tu vida espiritual.

Entrégate. Dios mora con los humildes, los ofendidos y los desterrados (ver Isa. 57:15, y en los Evangelios fíjate con quienes pasaba tiempo Jesús). Si quieres estar donde está Dios, acércate a los demás.

Recuerda que no eres el único. Los salmistas (mira el Sal. 42) y los cristianos de todas las épocas han experimentado lo que ha dado en llamarse "la oscura noche del espíritu" cuando Dios parece estar ausente. Él utiliza esa experiencia para enseñarnos a depender de una fe inquebrantable en lugar de nuestros sentimientos. Deja que el sentido de ausencia te conduzca a la oración y la alabanza y no te apartes de ellas. Lee pasajes y libros sobre la oración y la devoción para reavivar el fuego en tu corazón.

Ve adonde sea más probable percibir la presencia de Dios. Asiste al templo, ora con amigos y lee la Biblia. No percibirás a Dios mientras estés enfrascado en otros asuntos.

Ten paciencia. Espera, espera y sigue esperando. ¿Dónde está Dios cuando te sientes ofendido? Si esperas lo suficiente, te darás cuenta que siempre ha estado justo a tu lado.

Aprovecha las oportunidades. Adora a Dios. Deja tus dudas acerca de si él volverá alguna vez a estar presente. Responde positivamente a la menor manifestación de su presencia.

4. ¿Cómo puedo ayudar a alguien que sufre?

No des respuestas apresuradas. Con mucha frecuencia las personas se preguntan "¿Por qué?", pero a menos que Dios te lo muestre directamente, nunca estarás realmente seguro. Los amigos de Job estaban convencidos de saber por qué sufría Job, pero sus presuposiciones erraban el blanco. También revelaron una falta total de sensibilidad hacia los sentimientos de Job. Si Dios quiere enseñarle a alguien por medio del sufrimiento, no harás más que estorbar si reduces la dolorosa lección práctica a una declaración trivial o a una cita bíblica aislada.

Hazte presente. Tu presencia silenciosa es la mejor manera de mostrar tu solidaridad.

Usa el discernimiento. Alguna persona podría beneficiarse al escucharte contar bromas, otra de conversar acerca de algo interesante, alguna otra de contarte lo airada y asustada que está, otra de sentirte a su lado mientras llora. Pídele a Dios que te muestre la necesidad y que te dé el valor para suplirla.

No argumentes. Las personas ofendidas, con frecuencia, dicen cosas terribles. Dales la oportunidad de desahogarse aunque lleguen a insultar a Dios. Él no caerá de su trono por ello y puede defenderse a sí mismo. Espera hasta que la persona exprese lo que siente y se calme para discutir racionalmente lo que ha dicho.

Las relaciones

¿Cómo quiere Dios que trate a las personas en general?
Dios ha dado instrucciones específicas para que nos relacionemos con el cónyuge, los padres, los hijos, los sirvientes, otros cristianos y los incrédulos. Pero muchos de sus mandamientos se aplican a todas las relaciones.

Con amor. El amor es procurar el mayor bien para otra persona aun si tiene un alto costo para nosotros. Nuestro modelo es Cristo, quien derramó su vida por personas que no lo amaban. Se nos ha mandado amar a nuestros hermanos, a nuestros enemigos y a todos (Luc. 6:27-38; 10:25-27).

> El amor es paciente, es bondadoso. El amor no es envidioso ni jactancioso ni orgulloso. No se comporta con rudeza, no es egoísta, no se enoja fácilmente, no guarda rencor. El amor no se deleita en la maldad sino que se regocija con la verdad. Todo lo disculpa, todo lo cree, todo lo espera, todo lo soporta (1 Cor. 13:4-7).

El amor es un acto de la voluntad no un sentimiento, así que puedes decidir amar a alguien aun si no sientes ningún afecto por él. Pregúntate: "Si me preocupara profundamente por esa persona, ¿qué haría yo?" Cuando hayas encontrado la respuesta, hazlo. Actuar por amor estimula en nosotros los sentimientos amorosos, mientras que no hacerlo los impide. Es posible pagar el precio de anteponer a los propios los intereses de otra persona porque sabemos que Dios cuida de nuestras necesidades (Lucas 12:22-34) y que él ha pagado el precio final (ver amistad).

Perdonando.

> Porque si perdonan a otros sus ofensas, también los perdonará a ustedes su Padre celestial. Pero si no perdonan a otros sus ofensas, tampoco su Padre les perdonará a ustedes las suyas (Mat. 6:14, 15).

Mantener contra alguien la amargura en tu corazón te impide recibir el perdón de Dios. Somos juzgados por la misma norma que utilizamos para juzgar a los demás (Mat. 7:1, 2). Así que, si te resulta difícil perdonar a alguien, sigue los siguientes pasos:

Entrega tu pena a Dios y descríbele exactamente cómo te sientes. Los salmistas utilizaron figuras verbales (...me siento como una bolsa triturada, ...como sofocado, ...como apuñalado) para expresar su ira y su pena.

Considera los hechos y no las emociones. Recuerda que Dios te ama y te respeta profundamente, de modo que tu autoestima no depende de las reacciones de las personas. Memoriza y recítate pasajes relevantes de las Escrituras; eso te ayudará a concentrarte en la verdad antes que en las emociones.

Pídele a Dios la fuerza para perdonar, sana la herida y confía de nuevo. Pídele que te ayude a recordar que aunque tus deseos han sido frustrados y tu orgullo lastimado, tus verdaderas necesidades están intactas. Si puedes, da gracias a Dios por haber rebajado tu orgullo hasta tocar fondo.

Escoge perdonar como un acto de tu voluntad. Puedes escoger perdonar en forma reiterada hasta que tu dolor se sane completamente. El proceso será más rápido si oras por bendiciones para aquella persona y la tratas con amor siempre que puedas.

Discute el asunto con tu amigo si es realmente importante. Perdonar no significa darle la razón al otro, tampoco significa protegerlo del castigo legal. Perdonar

Las relaciones

significa simplemente decidir abandonar la amargura y el deseo de venganza para buscar el mayor bien del otro.

Con humildad. Todos tenemos la tendencia a actuar como si fuéramos la única persona que tiene prioridad sobre todos los demás. La humildad es cesar de competir por las mejores posiciones. No es rebajarte sino dejar de preocuparte de ti mismo. Una persona humilde se toma un genuino interés en las necesidades, sentimientos y opiniones de los demás. Sabe que Dios lo ama y lo valora, así que no tiene que demostrar su valor ni a sí mismo ni a otros (Juan 13:3-5).

La amistad

1. ¿Cómo puedo ser un buen amigo?
Concéntrate en el servicio y no en satisfacer tus necesidades. Todas las personas necesitan saber que son amadas profunda e incondicionalmente tal como son, y que están envueltas en una actividad realmente importante para la cual son competentes. Quiere decir que necesitamos amor por lo que somos y respeto porque somos importantes. Porque generalmente asumimos que esas necesidades solo pueden ser satisfechas por otras personas y tendemos a establecer nuestras relaciones con la intención de satisfacerlas. Cuando las personas fracasan en hacerlo, nos sentimos airados e incluso amargados.

Sin embargo, Dios es el único que puede satisfacer esas profundas necesidades. Al entregar a su Hijo para librarnos de la miseria y la muerte, Dios ha demostrado que nos ama incondicionalmente (Rom. 5:5-8; 8:31-39).

Al comisionarnos como sus agentes para establecer su reino entre los hombres, Dios nos asegura que somos realmente importantes y por medio de su Espíritu Santo nos capacita para no fracasar en esa misión. Las personas nos pueden ayudar a sentir su amor y valoración, y está bien que deseemos que lo hagan; pero si reclamamos necesitar su amor y respeto, demostramos con ello nuestro orgullo egoísta y fallamos al confiar en Dios.

Así que, en vez de manipular a los demás para que satisfagan nuestros deseos (airándonos, con lágrimas, regalos, romances, flirteos, alejamiento, charla, humor, etc.), esforcémonos en ser instrumentos de Dios para ayudarlos a sentir su amor. Podemos glorificar a Dios poniendo a los demás primero porque estamos seguros de que él satisface todas nuestras necesidades.

La amistad

Sé abierto. Tener todas tus necesidades satisfechas en Cristo no significa que puedas vivir sin relaciones cercanas. Es fácil ser el fuerte que escucha a los demás en sus problemas y los aconseja, consuela y perdona; lo cual te hace sentir superior y necesitado por los demás, al mismo tiempo que evitas ser herido.

Es difícil despojarte de la máscara de competencia y derribar los muros de autodefensa permitiendo a otras personas ver tus dolores y faltas. Las personas pueden ser condescendientes, contar a otros tus secretos, no comprenderte realmente, perderte el respeto, condenarte o rechazarte.

Jesús no tenía que hacerse vulnerable a sus detractores y a los que lo rechazaban, pero lo hizo (Isa. 53:3). Uno de sus amigos más cercanos lo traicionó llevándolo a la muerte y el resto lo abandonó cuando necesitó su apoyo (Mar. 14:32-52, 66-72). Nunca llegaron a comprenderlo realmente.

Pero Jesús sabía que el riesgo de hacerse vulnerable valía la pena. Para él, la meta era enseñar a sus amigos lo que significaban el verdadero amor y la confianza (llevar las cargas de otros). No puedes enseñar confianza a una persona temerosa si temes confiar en ella. Para nosotros, la meta incluye también escapar de la soledad que nos aprisiona. Aunque nadie pueda comprendernos completamente y amarnos perfectamente cuando lo necesitamos, un amigo puede ser de verdadera ayuda.

Jesús tuvo el coraje de arriesgarse a la traición porque su confianza suprema estaba puesta en Dios. Sabía que el rechazo de la gente no podía destruirlo porque era aceptado por aquel que importaba más. Su autoestima procedía de su Padre.

Sin embargo, aunque la autoestima de Jesús no necesitaba de las personas, se dio a sí mismo el privilegio de experimentar el amor del Padre expresado por medio de sus amigos. También aceptó ser herido por ellos. Nosotros, que somos mucho menos santos y fuertes que él, no debemos avergonzarnos al admitir ante alguien: "Tu amor y respeto significan mucho para mí".

Sé disponible, leal, honesto y desinteresado (Prov. 17:17; 18:24; 27:6,17).

No esperes perfección. Si esperas que tus amigos puedan fallar en su disponibilidad, lealtad y honestidad, entonces no te sentirás destrozado cuando lo hagan. La demanda de perfección a los demás es egoísta, y poco realista. Recuerda que tú tampoco eres un amigo perfecto. Tu labor consiste en mantener abierto tu corazón sabiendo que en ocasiones serás lastimado.

Comparte la verdad bíblica. Además de compartir tus sentimientos, comparte lo que Dios te está enseñando por medio de las circunstancias, la oración y la Biblia. Esta es una manera fantástica de entusiasmarse con el estudio de la Biblia y basa tu amistad en algo mucho más profundo que las sensaciones. Aprende a contarles a tus amigos lo que estás aprendiendo y a escucharlos. El objetivo de compartir y escuchar es acercarte más a Dios y a tus amigos y no impresionarlos con tus conocimientos.

Confiésense mutuamente los pecados. (Stg. 5:16). Esto debe conducirlos a la oración y el apoyo mutuo para dejar el pecado en lugar de condenarse y así perdonarse mutuamente.

Sean responsables unos de otros. Anímense mutuamente a aplicar lo que han aprendido de Dios y estén al tanto de cómo lo hace cada uno. Oren unos por otros acerca de sus luchas en la obediencia a Dios y permite que tus amigos te pregunten como va tu oración y tu meditación en las Escrituras. Sean honestos unos con otros.

2. ¿Qué debo buscar en un amigo? Además de los rasgos mencionados anteriormente, busca:

La amistad

Que sea compatible. Tienes el mandamiento de tratar a todos con amor como un acto de tu voluntad pero no se te ha mandado a gustar de una relación cercana con todos. Busca a alguien que comparta tus intereses y la visión general sobre Dios. El desacuerdo puede ampliar tus horizontes, pero no irás lejos con un amigo cuya visión está totalmente reñida con la tuya.

Que sea humilde. Cuídate de los que piensan que siempre tienen la razón o que tratan de manipularte para que hagas las cosas a su modo.

Que sea disciplinado. Nadie es confiable cien por ciento, pero no confíes tus secretos a alguno en quien es obvio que no se puede confiar. Busca a alguien que esté procurando madurar en el conocimiento y el amor de Dios.

3. ¿Y SI UN AMIGO ME DEFRAUDA? Es inevitable que los amigos nos defrauden. Sigue los pasos del perdón en las páginas 153-155 (ver relaciones).

4. ¿PUEDO TENER AMIGOS NO CRISTIANOS? Probablemente un no cristiano no pueda ser uno de tus amigos más cercanos porque con él no puedes compartir la parte más importante de tu vida. Tus actitudes, motivaciones y actividades le resultarán extrañas. Sin embargo, definitivamente deberás amarlo, emplear tiempo para estar con él, hablarle con cierta profundidad, estar disponible, ser leal y abierto; en pocas palabras, ser amigo de no cristianos. Casi todo aquel que se convierte lo hace en parte porque algún amigo cristiano lo condujo a los pies de Cristo. Así que si no tienes amigos incrédulos, tu efectividad como embajador de Cristo será pequeña.

5. ¿QUÉ DEBO HACER SI UN AMIGO ME PIDE QUE HAGA ALGO QUE CONSIDERO MALO? Cuando Pablo dice: "...todo lo que no se hace por convicción es pecado" (Rom. 14:23), quiere decir que está mal hacer algo que honestamente uno considera malo aun si alguno no está de acuerdo. Un amigo verdadero no te presionará para que hagas algo contra tu conciencia. Cualquiera que deshaga la amistad por no acompañarlo en algo, en realidad está tratando de utilizarte, explotando tus necesidades de afecto, afirmación y pertenencia. La respuesta de Pedro a las autoridades judías es igualmente aplicable a los amigos que te piden violar tu conciencia: "¡Es necesario obedecer a Dios antes que a los hombres!" (Hech. 5:29). También es aplicable el rechazo de Pablo a seguir a sus críticos.

> ¿Qué busco con esto: ganarme la aprobación humana o la de Dios? ¿Piensan que procuro agradar a los demás? Si yo buscara agradar a otros, no sería siervo de Cristo (Gál.1:10).

Las citas románticas

¿CUÁLES DEBEN SER MIS ACTITUDES EN LAS CITAS ROMÁNTICAS?[1] Algunos cristianos piensan que salir con no cristianos es una tontería, pues esos encuentros pueden conducir al matrimonio y probablemente tengan normas morales inferiores a las que Dios quiere que tengas.

Buenas razones para un encuentro.

- Para desarrollar habilidades sociales (comunicación, sensibilidad, etc.).
- Para pasar un buen rato.
- Para disfrutar de otra persona, de su personalidad total.
- Para disfrutar genuinamente el ser aceptado por alguien.
- Para crecer en Cristo por medio de la comunión con otro cristiano.

Malas razones para un encuentro.

- Para impresionar a tu compañero o compañera o a otras personas.
- Para conseguir gratificación sexual.
- Para fortalecer tu ego.
- Para lograr que la otra persona satisfaga tus necesidades.

Algunas buenas preguntas para controlar la conducta.

- "¿Mi motivación es satisfacerme u honrar a esta persona?"
- "¿Trato a esta persona como una preciosa creación de Dios con sentimientos y un destino eterno?"
- "¿Me ayuda esta relación a conocer mejor a Cristo y a conocerme mejor a mí mismo?"

➤ "¿Me anima esta persona a obedecer a Dios?"
➤ "¿Hago esto presionado por mis padres, amigos o por la persona con la que salgo?"
➤ "¿Trato de que esta persona satisfaga aquellas necesidades que solo Dios puede satisfacer en mí?"

Las responsabilidades femeninas. Con frecuencia las mujeres hablan más que los hombres. Puedes contribuir al crecimiento de tu acompañante haciéndolo sentirse seguro para comunicarse (por ejemplo, no manipulándolo con lo que aprendes acerca de él), siendo abierta, escuchando y formulando buenas preguntas.

Necesitas restringir tu poder para cautivar con palabras, miradas, el vestido o acciones. Traicionas el amor cuando tientas a un hombre hacia la lujuria o utilizas tus encantos para manipularlo.

Las responsabilidades masculinas. Asume la responsabilidad de la dirección espiritual sin recargarte. Ten en mente el bienestar de tu acompañante. Planea el tiempo que pasarán juntos y no la pongas en situaciones comprometedoras.

Aprende a comunicarte con palabras más que por contactos; decide arriesgarte a exponer tus verdaderos pensamientos y sensaciones. Ábrete despacio para observar si puedes confiar en esta mujer. No te impliques con una mujer a quien no puedes confiarle tus pensamientos personales aunque la encuentres atractiva.

Reprime tu deseo de conquista; no hagas que la mujer piense que estás más comprometido emocionalmente de lo que lo estás. No utilices contra ella su necesidad de amor.

Nota

1. Adaptado de Stacy y Paula Rinehart. *Choices: Finding God's Way in Dating, Sex, Singleness, and Marriage* (Decisiones: Cómo buscar el camino de Dios en las citas, el sexo, la soltería y el matrimonio) (Colorado Springs, Colo.: NavPress, 1982), páginas 29-85.

Las relaciones sexuales

1. ¿Qué dice la Biblia sobre las relaciones sexuales?

Es algo bueno. Dios creó seres humanos sexuales (Gén. 1:27). Él nos diseñó para la atracción y el placer físicos. La relación "una carne" entre el esposo y la esposa siempre fue pensada para ser tanto física como espiritual. Las relación sexual libera la tensión biológica y expresa la total aceptación de la voluntad de interdependencia con otra persona. La relación sexual marital debe ser gozosa.

> ¡Bendita sea tu fuente!
> ¡Goza con la esposa de tu juventud!
> Es una gacela amorosa,
> es una cervatilla encantadora.
> ¡Que sus pechos te satisfagan siempre!
> ¡Que su amor te cautive todo el tiempo!
> (Prov. 5:18, 19).

La caída estropeó las relaciones sexuales. Algunos aspectos del pecado han corrompido severamente la sexualidad humana. El orgullo y el miedo recíproco han introducido una cuña entre hombres y mujeres. Al no confiar en que Dios satisface nuestras necesidades, la gente utiliza las relaciones sexuales para manipularse mutuamente, dando amor y honor. El deseo físico se inflama al asociarse con los deseos del ego. Así, la relación sexual se convierte en una herramienta, un arma y una obsesión.

Las relaciones sexuales son solo para las parejas casadas. En 1 Corintios 6:9-20 y otros pasajes establecen claramente que la relación sexual antes del matrimonio es tan dañina como engañar al cónyuge. La relación sexual es una expresión de un compromiso para toda la vida.

La lujuria es tan mala como la simulación. Los pecados del corazón son tan dañinos para ti y contra Dios como los actos pecaminosos. Pero recuerda que hay una diferencia entre la lujuria y la atracción. Es normal notar el cuerpo y las personalidades y hasta tener una reacción física ante la presencia de otra persona; es normal sentirse tentado por la lujuria. La tentación se hace pecado cuando complaces tus fantasías y deseos.

Desear a tu cónyuge no es lujuria. La lujuria es un deseo ilícito. Como Dios determinó que desearas a tu cónyuge, ese deseo es tan bueno como querer dormir cada noche y comer cada día. De hecho Dios manda a las parejas casadas satisfacerse sexualmente el uno al otro (1 Cor. 7:3-5).

Sin embargo, es posible desear a tu cónyuge incorrectamente. Dios dice que la santidad y el honor deben gobernar la relación sexual marital (1 Tes. 4:3-5). Deshonras a tu cónyuge si le exiges actos sexuales que considera degradantes o si se lo exiges cuando se siente incapaz. Tanto la exigencia como la negación resentida son pecados. Si tu cónyuge se niega persistentemente, es señal de que necesitan (posiblemente en la presencia de un consejero) discutir la raíz del problema.

2. ¿Qué hay de malo con las relaciones sexuales fuera del matrimonio? Dios no establece reglas arbitrariamente. La pureza sexual es difícil de mantener, no porque no sea natural sino porque el pecado ha estropeado nuestra naturaleza y corrompido nuestro impulso sexual. Si crees que el deseo sexual humano es tan natural como el hambre o la sed, imagínate a alguien pagando para mirar un trozo de carne develándose lentamente, o a otro siendo seducido a comprar un automóvil colocando un vaso de agua sobre el capó.

Las relaciones sexuales

Motivaciones erradas. La intención del acto sexual es expresar la unidad entre la pareja, en el cual cada uno se entrega al otro voluntaria y completamente. La relación sexual por cualquier otra razón es una manipulación del otro para satisfacer tus metas egoístas y orgullosas, tales como:

➤ pagar por o asegurar un favor;
➤ demostrar la habilidad para conquistar a alguien;
➤ sentir intimidad (ser amado, ser aceptado) cuando temes la comunicación verbal;
➤ comprar afecto o lealtad;
➤ sentirse admirado, importante o que eres alguien;
➤ superar sentimientos de inferioridad;
➤ ahogar ansiedades o tensiones;
➤ controlar emocionalmente al otro;
➤ conseguir respeto y placer de los demás.[1]

Efectos destructivos. Todo lo que haces con tu cuerpo afecta tu espíritu. Tu cuerpo y tu espíritu saben que el acto sexual significa el compromiso a ser una carne (1 Cor. 6:12-20). Cuando pretendes realizar el acto sexual sin estar casado, sin su sentido, tu espíritu se siente confundido y perdido. Cada vez que lo haces, debilitas tu capacidad para, más tarde, unirte en matrimonio. Harás comparaciones con quienes has tenido relaciones sexuales previas o simplemente serás incapaz de entregarte completamente.

La relación sexual fuera del matrimonio insulta al Espíritu de Dios y te separa de él. Tus oraciones no son respondidas, tu fe se derrumba, todo lo que intentas hacer para Dios es vacío aunque por un tiempo parezca ir bien. Cristo redimió y compró tu cuerpo al igual que tu espíritu; tu cuerpo no te pertenece para hacer con él lo que quieras.

Una relación sexual basada en la explotación mutua no durará. Te sentirás rechazado y utilizado. Tu deseo de amor y respeto se intensificará. Si entierras tu dolor o herida bajo el orgullo y dices: "No me importa", reduces tu capacidad para sentir, para enfrentar la realidad y para relacionarte con Dios y con los demás hombres.

"La relación sexual prematrimonial impide el desarrollo de otros aspectos de la relación".[2] Nunca aprenderás a comunicarte, a discutir las cosas, a confiar en la otra persona si dependes del las relaciones sexuales para mantener unida la relación. La relación sexual prematrimonial es la causa principal de los compromisos y matrimonios deshechos.

Infectarás tu relación con el miedo, la desconfianza y la culpa. Aun si no deseas aceptar la ley de Dios, tu corazón lo hace y ello te amargará. Si llegas a contraer matrimonio, los sentimientos de temor, desconfianza y culpa te acompañarán y vagamente te sentirás sucio al realizar el acto sexual con tu cónyuge, y cuando el romance se desvanezca sospecharás de su infidelidad. Después de todo, si no pudo controlar sus apetitos antes de casarse, ¿cómo puedo confiar en que no hará lo mismo ahora en el matrimonio? Los estudios relacionan la relación sexual premarital con la infidelidad en el matrimonio.

Puedes engañarte al pensar que estás enamorado. El encaprichamiento puede durar de tres a cinco años; podrás contraer matrimonio y darte cuenta entonces de que la atracción era solo física.

Muchos hombres no desean casarse con una mujer que no sea virgen. Esto es una doble norma, pero es una realidad. Puedes con ello privarte de una buena persona.

3. ¿Y QUÉ SOBRE EL CONTACTO SEXUAL SIN LLEGAR A LA CONSUMACIÓN? En una relación sana, la intimidad física aumenta gradualmente al mismo tiempo que crece el compromiso personal: ojo a ojo, mano a mano, mano a hombro, mano a cintura, mano a cara, boca a boca, mano a cuerpo, etc. El contacto físico se ha diseñado para preparar el cuerpo y el espíritu para la consumación. La pro-

Las relaciones sexuales

gresión tiene una gran energía en sí misma y es sabio detenerse antes de que aparezca la lujuria porque:

➤ es pecado incitar a la lujuria a otra persona;
➤ excitar profundamente el cuerpo sin conseguir satisfacción introduce una tensión muy fuerte que puede destruir la relación con una explosión emocional;
➤ la intimidad física al borde del acto sexual puede afectar al espíritu tanto como la total consumación.

4. ¿QUÉ PUEDO HACER CON LA TENTACIÓN SEXUAL? Atormentarte a causa de la culpa no será ninguna ayuda. La confesión, la oración y el apoyo de otros cristianos sí lo será. Lo más importante: deja que Dios llene tus necesidades, trata las cosas con tu cónyuge, si lo tienes. Si te sacias del verdadero pan, no ansiarás el falso.

5. ¿QUÉ PUEDO HACER SI YA HE CAÍDO? Ningún pecado es tan grande que Dios no pueda perdonarte y limpiarte de él. Si te sientes incapaz de hallar perdón, prueba los siguientes pasos:[3]

Completo arrepentimiento. Pídele a Dios que te recuerde aquellas cosas que has hecho en el pasado y que han violado sus mandamientos en esta área. Haz una lista de ellas o cuéntaselo a alguien que no vaya a ser tentado al escuchar tu historia (Escoge a alguien maduro en la fe. No tienes que describir detalladamente.) Entonces ora en alta voz por los asuntos en tu lista pidiéndole a Dios que te perdone por ellos; dile que no quieres volver a ser presa de esos pecados. Pídele que limpie tu mente y tu corazón de la confusión, el miedo a la intimidad, las sensaciones de suciedad o cualquier otro mal afecto. Dale gracias por su perdón, limpieza y liberación. Si te es de ayuda, pídele a tu amigo que diga en alta voz que estás perdonado. Destruye la lista.

Sumérgete completamente. Durante las siguientes semanas, sumérgete en los pasajes bíblicos que hablan de la misericordia, el perdón y el amor de Dios (tales como Sal. 103:12; Isa. 43:12; Heb. 9:13, 14, etc.). Eso ayudará a tu mente y tu corazón a aceptar el perdón de Dios.

6. ¿CUÁLES SON ALGUNAS DIFERENCIAS IMPORTANTES ENTRE EL HOMBRE Y LA MUJER? Comprender las diferencias entre el hombre y la mujer puede ayudarte a sobreponerte a las frustraciones y las barreras de comunicación. Las siguientes son generalidades útiles, aunque las excepciones son frecuentes.

- La menstruación, la lactancia y el embarazo implican hormonas que afectan el estado emocional de la mujer.
- La fisiología femenina es "más compleja y vulnerable"[4] que la masculina. Choques emocionales severos afectan la bioquímica femenina y sus emociones, más que a las del hombre.
- Las mujeres tienden a estar más orientadas hacia el futuro. Aprecian la "estabilidad, la seguridad y las relaciones humanas duraderas" más que los hombres. Eso puede deberse a la inclinación reproductiva del cuerpo femenino.
- De igual manera, las mujeres tienden a invertir más en su hogar (el nido) y la familia, mientras que los hombres se enfocan al mundo exterior. El equilibrio se consigue tratando las fricciones.
- Los hombres ansían más respeto que amor, mientras que las mujeres ansían más amor que respeto (Ef. 5:33).
- Los hombres buscan expresiones de aprecio de los compañeros de trabajo y los clientes, mientras que las mujeres frecuentemente buscan lo mismo de su esposo.
- El instinto maternal afecta a la mayoría de las mujeres. Los hombres asumen los juegos y el trabajo más competitivamente. Los hombres buscan la conquista; las mujeres las relaciones. Generalizando ampliamente, los hombres se orientan más hacia las metas y las tareas, mientras que las mujeres lo hacen más hacia los procesos y la experiencia.

Las relaciones sexuales

➤ Los hombres se excitan sexualmente más rápidamente que las mujeres, están más orientados a la visión; las mujeres responden más al contacto. Para los hombres la tensión del deseo es más física, las mujeres ansían la relación sexual más como una expresión de amor. La intimidad personal, el romance, el cuidado, el respeto, la admiración, son factores emocionales más importantes para el interés sexual de la mujer; mientras que los hombres son fácilmente excitados solo por la visión del cuerpo. Estos hechos explican por qué las mujeres utilizan la relación sexual para obtener afecto, en tanto que los hombres utilizan el afecto para conseguir una relación sexual. Comprendiendo estas diferencias puede explicarse por qué un poco de romance y caricias fuera de la cama mejoran enormemente el interés de una mujer.

LIBROS SOBRE LA SEXUALIDAD

Ingram, C. *Amor, sexo y relaciones duraderas*. El Paso, Texas: Editorial Mundo Hispano, 2005.

Young, E. *Sexo Puro*. El Paso, Texas: Casa Bautista de Publicaciones, 1999.

NOTAS

1. Algunos puntos de la lista proceden de James C. Dobson, *Dr. Dobson Answers your Questions* (El Dr. Dobson responde tus preguntas) (Wheaton, Ill.: Tyndale House Publishers, 1982) página 438.
2. Rinehart, S. y P. *Choices: Finding God's Way in Dating, Sex, Singleness, and Marriage* (Decisiones: Cómo encontrar el camino de Dios para las citas, el sexo, la soltería y el matrimonio) (Colorado Springs, Colo.: NavPress, 1982), página 92.
3. Adaptado de Rinehart, páginas 112-115.
4. Dobson, página 405. Muchas de estas diferencias proceden de Dobson, páginas 405-411.

EL MATRIMONIO

1 ¿Cómo describe la Biblia el matrimonio cristiano?
Una carne.

> No es bueno que el hombre esté solo. Voy a hacerle ayuda adecuada para él (Gén. 2:18).

> Por eso el hombre deja a su padre y a su madre, y se une a su mujer, y se funden en un solo ser (Gén. 2:24).

Marido y mujer son la unidad más cercana posible, una entidad única. No funcionan como individuos separados que intentan satisfacerse. En todas las cosas se someten el uno al otro, "por reverencia a Cristo" (Ef. 5:21).
"Ayuda" es un título honorífico; Dios se llama a sí mismo ayuda del hombre (Sal. 10:14; 118:7). La esposa es una parte indispensable en la misión conjunta de la pareja, diseñada perfectamente para complementar los dones de su esposo y compensar sus limitaciones. Ambos deben ser amigos íntimos y confidentes el uno del otro.

2. ¿Cómo debo tratar a mi cónyuge?
Como Cristo a su cuerpo. Todas las directrices sobre la comunión, las relaciones y la amistad se aplican sobre todo a los esposos. Además, la esposa debe tratar a su esposo como trataría a Cristo y el esposo a la esposa como Cristo trata a la Iglesia:

> Esposas, sométanse a sus propios esposos como al Señor. Porque el esposo es cabeza de su esposa, así como Cristo es cabeza y salvador de la iglesia, la cual es su cuerpo. Así como la iglesia se somete a Cristo, también las esposas deben someterse a sus esposos en todo.

El matrimonio

> Esposos, amen a sus esposas, así como Cristo amó a la iglesia y se entregó por ella para hacerla santa. Él la purificó, lavándola con agua mediante la palabra, para presentársela a sí mismo como una iglesia radiante, sin mancha ni arruga ni ninguna otra imperfección, sino santa e intachable. Así mismo el esposo debe amar a su esposa como a su propio cuerpo. El que ama a su esposa se ama a sí mismo, pues nadie ha odiado jamás a su propio cuerpo; al contrario, lo alimenta y lo cuida, así como Cristo hace con la iglesia, porque somos miembros de su cuerpo... Esto es un misterio profundo; yo me refiero a Cristo y a la iglesia. En todo caso, cada uno de ustedes ame también a su esposa como a sí mismo, y que la esposa respete a su esposo (Ef. 5:22-33).

El amor es un compromiso. La unidad y el amor son un compromiso aun cuando te sientas airado o poco atraído. Es importante que cada uno esté completamente comprometido, a pesar de los fracasos, el envejecimiento y el desacuerdo. Es lo que los capacita para sentirse seguros en medio de tiempos turbulentos. Si el compromiso es tan firme como tus emociones, entonces caminarás constantemente sobre cáscaras de huevos y esconderás la suciedad bajo la alfombra para mantener el matrimonio.

Eres responsable de tratar a tu cónyuge según todos los mandamientos de Dios, aun si ella o él no los reconoce o no los obedece. Esto es duro si te has casado con un incrédulo o con alguien inmaduro o que tiene una fe nominal, pero aún así, eres responsable de tus actos.

La comunicación es esencial. Para poder funcionar como una unidad, el hablar debe ser prioritario. Si estás muy ocupado, debe programar unas pocas horas a la semana para conversar entre sí. Hablen sobre:

- Con quién han estado tratando durante la semana.
- Si tienen buenas relaciones con esas personas.
- Cuáles son sus principales responsabilidades de cada día.
- Si pueden controlarlas.
- Si necesitan sabiduría o ánimo para tratar con alguna relación o alguna responsabilidad.
- Si hay alguna decisión, grande o pequeña, que deban hacer como pareja.

Evita o arrepiéntete de las siguientes barreras de comunicación:

- la actitud de que alguna esfera de actividad (tu trabajo, tus aficiones) no le incumben en absoluto a tu cónyuge;
- la excusa de que no eres un buen conversador (¡tendrás que aprender!);
- la demanda callada o verbal para que tu cónyuge te diga todo o te escuche cada vez que hablas (una andanada de preguntas o de habladuría desanima a las personas tranquilas);
- la tendencia de "agobiar" a tu cónyuge;
- el miedo al rechazo y el desprecio;
- hablar ásperamente (la acusación, hablar muy alto, la impaciencia, la especulación sobre los motivos del otro).

Pon a Cristo en el centro. A menos que el matrimonio sea edificado sobre la roca que es Cristo, las tormentas de la vida (la enfermedad, la pérdida de trabajo, los calendarios muy cargados, la estrechez monetaria) pueden destruirlo muy fácilmente (Luc. 6:47-49). Asistir a la iglesia no es suficiente; deben orar juntos a diario sobre las situaciones que están enfrentando y buscar juntos en las Escrituras cuando hay alguna decisión que tomar. Aprender a decir a tu cónyuge cuáles son tus necesidades de oración y expresar tus verdaderos sentimientos a Dios en presencia del otro, es un enorme estímulo para la comunicación entre ambos. Orar juntos asusta y es difícil de programar al principio, pero es de la mayor importancia.

El matrimonio

3. ¿Qué significa "sumisión"? Dios estableció una estructura de autoridad en la familia para "enfocar y salvaguardar la unidad de la pareja. Al evitar tanto la falsa unidad como la dominación y la anarquía de la desunión, Dios nos ofrece la forma de actuar que él utiliza: jefatura y sumisión en el "Espíritu de amor" Así como el Hijo está totalmente sometido a su Padre amante, así lo debe estar la esposa a su marido. "La sumisión de la esposa no significa que sea pasiva, inferior, desigual o inmadura, tampoco la autoridad del esposo significa que sea mejor, más inteligente o más importante. Existe una igualdad de valor entre los cónyuges aunque haya una diferencia de responsabilidades".[1]

El equilibrio entre la autoridad y la sumisión capacita a la pareja para hacer su labor, pues "elimina la lucha por el poder que paraliza a muchos matrimonios. Capacita a la pareja a tomar rápidamente las decisiones menores, reservando la discusión para los asuntos más importantes".[2]

"Cuando hay que tomar decisiones que afectan la vida de toda la familia, el esposo y la esposa deben discutir el asunto juntos normal y exhaustivamente, buscando la dirección de Dios. Por lo general, las parejas que discuten esas decisiones pueden llegar a un acuerdo al respecto. Si no lo consiguen, el esposo es responsable de decidir cómo resolver el asunto. Puede ejercer su autoridad decidiendo esperar hasta que los dos lleguen a un acuerdo. Puede decidir aceptar la opinión de la esposa, seguir la propia o buscar consejo. El hecho de su jefatura no significa que el esposo toma por sí solo todas las decisiones, tampoco que si se produce algún conflicto, su criterio debe prevalecer. Él debe procurar siempre lo que es sabio y correcto".[3]

La sumisión incluye obedecer las decisiones con las que no estés de acuerdo, pero no las que violan la ley de Dios o tu conciencia; es decir, que no incluye las que se imponen por la violencia o el adulterio. En aspectos sobre los cuales la Biblia no se pronuncia explícitamente pero sobre los cuales tienes tus convicciones (ver las páginas 137-140), nunca violentes tu conciencia, pero examínala. Asegúrate de que tus convicciones estén basadas en la Biblia y de que no estás utilizando tus "convicciones" para excusar tu insistencia en tu punto de vista.

La sumisión funciona mejor en una familia que forma parte de una comunidad cristiana mayor. Si el esposo está experimentando lo que considera un sometimiento a una autoridad superior, debe ser más suave al ejercer su propia autoridad. Si perteneces a una comunidad excesivamente autoritaria (ver páginas 120-123), piensa en cambiarte a una más equilibrada.

4. ¿DEBO CASARME O QUEDARME SOLTERO (A)? La Biblia dice que el matrimonio es mejor para algunos creyentes y el permanecer soltero lo es para otros. Pablo presenta buenos argumentos para las dos opciones en 1 Corintios 7. Para decidir qué es lo sabio en tu caso, considera los pro y los contra de Pablo, ora para conseguir sabiduría y busca consejo en fuentes sabias.

5. ¿DEBO CASARME CON ESTA PERSONA EN PARTICULAR?
Los creyentes deben casarse solo con creyentes. Este es el único mandamiento absoluto de la Biblia en este sentido. (1 Cor. 7:39; 2 Cor. 6:14-16). Es un error y una necedad escoger como compañero a alguien que no es leal a Jesucristo. Lamentarás haber escogido un cónyuge que no comparte tu compromiso. No pongas el "amor" a una persona por encima del amor y la obediencia a tu Rey.

Escoge a una persona moral y espiritualmente madura. Tú deseas el mejor de los compañeros para la extensión del reino de Dios. Proverbios 31:10-31 enumera los rasgos de una esposa excelente y noble. Gálatas 5:22, 23; Efesios 4:20-32 y Colosenses 3:12-17 describen las características del hombre y la mujer piadosos.

El matrimonio

¿Puedes someterte y amar a esa persona? Efesios 5:21-33 describe cómo debe ser la relación de la pareja cristiana. Pregúntate: "¿Respeto a este hombre lo suficiente como para someterme a él cuando no estemos de acuerdo? ¿Me puede amar este hombre sacrificialmente? O, "¿Es esta una mujer a la que puedo amar como Cristo ama a la Iglesia? ¿Me pondrá esta mujer o este hombre por delante de sus otros intereses? Recuerda que tendrás que confiar totalmente en esa persona.

Busca y acepta el consejo de tus padres y de creyentes maduros que te conozcan bien.

¿Son compatibles? Analiza con tu posible pareja sobre las finanzas, el trabajo, las metas personales, el control de la natalidad, la educación de los niños, etc. Piensa en la edad, el nivel de educación, los rasgos personales, las aficiones y el trasfondo familiar. Recuerda que tendrán que ponerse de acuerdo sobre una amplia variedad de asuntos.

6. ¿CUÁLES SON LAS MAYORES AMENAZAS PARA EL MATRIMONIO? En *Love for a Lifetime* (Amor para toda la vida), James Dobson relaciona los siguiente problemas potencialmente desastrosos:

➤ el compromiso excesivo y el agotamiento físico;
➤ el excesivo endeudamiento y los conflictos sobre los gastos;
➤ el egoísmo;
➤ la interferencia de los suegros y cuñados;
➤ las expectativas poco realistas;
➤ ahogarse el uno al otro con celos, dominación, etc.;
➤ el abuso del alcohol o la drogadicción;
➤ la pornografía, el juego y otras adicciones;
➤ la frustración sexual, la soledad, la poca estimación propia y la infidelidad;

- el fracaso en los negocios;
- el éxito en los negocios;
- casarse demasiado jóvenes.[4]

Evita o arrepiéntete de condiciones dañinas como las mencionadas que te afecten y habla con tu cónyuge sobre las que afecten a ambos. Si piensas que tu cónyuge es culpable de alguna de éstas, fíjate en la respuesta a la pregunta que sigue a continuación.

7. ¿Y QUÉ SI MI MATRIMONIO ES TERRIBLEMENTE PENOSO? Idealmente los esposos deben ser al mismo tiempo los mejores amigos y complementarse mutuamente. Pero a causa del pecado, habrá choques. Si tu cónyuge no parece preocupado de amarte o respetarte, no te desesperes:

Dios te ama y te aprecia totalmente, así que tu supervivencia y tu gozo no dependen de la respuesta de tu cónyuge (mira las páginas 24-25). Una rica comunión con Dios puede llenar tu vacío.

Dios es Todopoderoso, perfectamente sabio y amante, así que puedes confiar en que él está utilizando tu dolorosa situación para tu bien y su glorificación. Él usará las áreas de fricción entre ambos cónyuges para rebajar los bordes afilados y enseñarles humildad, paciencia, perdón y desinterés. El sufrimiento es una oportunidad para glorificar a Dios ante todos los ángeles con tu respuesta amorosa, confiada y sin amarguras.

Utiliza con frecuencia los pasos para el perdón (páginas 153-154).

Otros creyentes pueden ayudarte a llevar tu carga de rechazo y a hacerte capaz de sentir el amor y el respeto de Dios. Busca un grupo pequeño de amigos íntimos con quienes puedas compartir el amor de Cristo (mira las páginas 124-126).

El matrimonio

8. ¿Qué hay acerca del divorcio?
La intención de Dios es la unión permanente del hombre y la mujer (Mat. 19:3-6).

Dios permitió el divorcio "por lo obstinados que son" (Mat. 19:8). Los pecadores son incapaces de mantener el compromiso de amar, así que Dios permitió el divorcio entre los judíos. Por la misma razón:

Si tu esposa no cristiana te pide el divorcio y no parece haber forma de reconciliarse, déjala ir. Pablo dice que esa es la manera de mantener la paz (1 Cor. 7:12-16).

Los creyentes no deben pedir el divorcio a no ser por causa de infidelidad; ni a cónyuges incrédulos (1 Cor. 7:12-16), ni a cónyuges creyentes.

> Les digo que, excepto en caso de infidelidad conyugal, el que se divorcia de su esposa, y se casa con otra, comete adulterio (Mat. 19:9).

Algunos cristianos interpretan esto como la prohibición de un nuevo matrimonio excepto si el pacto matrimonial se ha deshecho por causa de la infidelidad. Otros piensan que Dios permite el divorcio y el nuevo casamiento entendiendo la infidelidad de un modo más amplio como:

➤ deserción;
➤ crueldad física o verbal;
➤ negación de los derechos conyugales;
➤ abuso de sustancias (alcohol, drogas, etc.).

Un cristiano nunca debe ir al matrimonio con la idea de que el divorcio es una opción si éste no funciona. Casi todos los maestros que se basan en la guía bíblica consideran que:

el divorcio es como cortar un cuerpo vivo, como una especie de operación quirúrgica. Algunos de ellos piensan que es una operación tan violenta que no debe ser realizada de ninguna manera mientras que otros lo admiten solo como un remedio desesperado en casos extremos. Todos están de acuerdo que se parece más a la amputación de las piernas que a la disolución de una sociedad comercial o a desertar del ejército. Pero ninguno está de acuerdo con la visión moderna de que no es más que un ajuste de la pareja, al cual debe acudirse siempre que uno sienta que ya no está enamorado del otro o cuando cualquiera de ellos se enamore de otra persona.[5]

NOTAS
1: Ralph Martin, *Husbands, Wives, Parents, Children* (Esposos, esposas, padres e hijos) (Ann Arbor, Michigan: Servant Books, 1978, 1983), página 23.
2. Martin, página 23.
3. Martin, páginas 24-25.
4. James C. Dobson, *Love for a Lifetime* (Amor para toda la vida) (Portland, Oregón: Multnomah Press, 1986), páginas 107-111.
5. C. S. Lewis, *Mere Christianity* (Cristianismo y Nada Más) (New York: Macmillan Publishing Company, [1960] 1943), página 96.

La educación de los hijos

1. ¿Cuál es la meta bíblica de la educación infantil? El Apóstol Pablo enseña: "padres, no hagan enojar a sus hijos, sino críenlos según la disciplina e instrucción del Señor" (Ef. 6:4).

La meta de los padres es criar hijos que conozcan y amen al Señor y que sigan sus caminos. Los padres tienen la principal responsabilidad en esto. Más específicamente, los padres deben enseñar a sus hijos a:

➤ orar;
➤ adorar;
➤ leer la Biblia con entendimiento y provecho;
➤ acercarse a Jesús en la necesidad;
➤ conocer las verdades centrales de la fe;
➤ amar a los demás;
➤ amarse a sí mismos;
➤ obedecer;
➤ controlar sus impulsos;
➤ actuar responsablemente;
➤ tratar con los conflictos morales de la vida secular;
➤ dominar las habilidades necesarias para la vida en la tierra (cepillarse los dientes, aprender matemáticas, manejar un automóvil, etc.).

Amar a otros incluye el respeto a los padres y otras personas en autoridad, servir desinteresadamente, dirigirse correctamente a los hermanos (sin pelearse ni empequeñecer al otro), arrepentirse de lo mal hecho y perdonar. Los padres no deben esperar que un niño de dos años aprenda a actuar desinteresadamente (es imposible en esta etapa del desarrollo), y tampoco deben esperar de un adolescente una mayor perfección en cualquier aspecto que la que sus padres han conseguido. Pero enseñar a los niños a amar al Señor y a seguir sus caminos deben ser objetivos de la educación.

2. ¿Cómo puedo preparar a mis hijos para que cumplan las metas bíblicas?

Dales mucho afecto. La manera más segura de criar hijos duros de corazón, que no confían en Dios y que no pueden abrirse a los demás, es negándoles el afecto cuando son pequeños. Los niños necesitan mantener mucho contacto físico con sus padres; ser abrazados, reír, jugar y hablar con ellos. Esto es mucho más importante para los padres que, generalmente, tienen menos oportunidades de contacto diario con los hijos. Muchos consejeros piensan que los niños consiguen una identidad más segura como hombres o mujeres, si han tenido un afecto transparente de parte de sus padres.

Los niños necesitan el contacto visual cuando les hablas, un tiempo a solas contigo (sin que los demás niños estén presentes), y ser escuchados atentamente. Necesitan aprender a confiar en ti, a estar seguros de que son amados y apreciados. De otra manera, tu disciplina puede parecer cruel y tu enseñanza rebotará en un corazón herido y endurecido.

Con tu ejemplo. El afecto es un ejemplo que necesitas establecer. Además, tus hijos necesitan ver que tú:

➤ dices "Por favor" y "Gracias";
➤ oras;
➤ lees y hablas de la Biblia;
➤ tratas a tu esposa con consideración;
➤ no te enfadas con tus compañeros de trabajo;
➤ manejas las crisis familiares con gracia y confianza;
➤ te regocijas en tu vida cristiana, aun en las dificultades;
➤ te ganas la vida.

La educación de los hijos

Tus hijos desearán ser como tú y lo serán en muchas maneras. Actúa como un buen ejemplo para ellos.

Utiliza la enseñanza verbal. Los niños no pueden aprender a orar si solamente te ven arrodillarte en silencio, tienes que explicarles lo que estás haciendo. De la misma manera, desearás enseñarles dónde dice la Biblia que no deben pelear o quejarse (lo cual establece un ejemplo: sacamos nuestras normas de la Biblia), explicando por qué es importante, y recuérdales constantemente que toda la familia espera que lo hagan. Los israelitas tenían el mandamiento de "imprimir" las palabras de Dios en el corazón de sus hijos repitiéndolas constantemente (Deut. 6:7-9) y de explicarles los actos salvadores de Dios que yacen bajo las reglas (6:20, 21).

La enseñanza debe producirse por medio de todos los acontecimientos de la vida diaria. Anima a tus hijos a preguntar por qué y a decirte cómo se sienten acerca de lo que les ocurre. Debes estar dispuesto a hablar. Separa algún tiempo de sobremesa para discutir las actitudes y valores en cierto asunto. La hora de acostarse puede ser una buena oportunidad para escucharlos y tratar con las sensaciones acerca de los acontecimientos ocurridos durante el día. Piensa en dedicar algún tiempo durante la semana para hablar y jugar a solas con cada uno de tus hijos. Algunas buenas preguntas para hacer son: "¿Algo de lo ocurrido hoy (o esta semana) te entristeció (te alegró, te airó, etc.)?"[1] Una vez que hayas escuchado completamente la historia de tu hijo, explícale cariñosamente cómo los cristianos responden al rechazo o a la ira. Muéstrale cuánto te interesas por sus cosas con abrazos, miradas y por el tono de tu voz. Debes darte cuenta de que escuchar a los niños es de la mayor importancia en la enseñanza espontánea.

La enseñanza sistemática y repetida de las tareas y conductas complejas es tan necesaria como la enseñanza informal. No está bien esperar que un niño pueda lavar un automóvil o pintar una pared sin una completa explicación bien ejemplificada. Los niños no saben que demasiada azúcar hace daño a menos que se les diga por qué en un lenguaje sencillo.

Una disciplina consecuente. El castigo enseña al niño las consecuencias de la desobediencia. Los niños necesitan sentir desaprobación después de una mala acción para darse cuenta de lo que está mal. Más tarde, ello los ayudará a comprender por qué Dios juzga el pecado. También necesitan saber que los padres son suficientemente fuertes para merecer su respeto y confianza y de esa manera su mundo estará seguro. Generalmente, los niños prefieren resolver la culpa por medio de un castigo rápido y justo.

> La necedad es parte del corazón juvenil;
> pero la vara de la disciplina corrige (Prov. 22:15).

> No solo con palabras se corrige al siervo;
> aunque entienda, no obedecerá (Prov. 29:19).

La razón sola no funciona porque los niños, al igual que los adultos, son por naturaleza pecadores rebeldes y centrados en sí mismos.

A veces, Dios expresa su amor a nosotros por medio de la disciplina dolorosa que nos hace buscar la paz de una vida justa (Heb. 12:5-11; compara Prov. 13:24). Evitar a los niños el dolor de la disciplina los condena a una vida de conflicto, confusión y sufrimiento. Tu hijo no te odiará o será dañado permanentemente si sigues las siguientes directrices:

➤ muéstrale mucho cariño cuando no está castigado;
➤ cuida tus iras y tus frustraciones para no sufrir la tentación de volcarlas sobre un hijo desobediente;
➤ sé consecuente;
➤ establece claramente las reglas;
➤ castiga inmediatamente al descubrir el hecho malo;

La educación de los hijos 183

➤ castiga en privado (la dignidad de un niño también es muy frágil);
➤ nunca lo humilles llamándolo con nombres ofensivos, ni lo ridiculices ni utilices un castigo que él considere humillante.

Ser consecuente significa que siempre aplicas el mismo castigo para la misma culpa; cómo te sientes no debe hacerte ni más severo ni más permisivo. La incoherencia no les enseña a los niños a evitar la mala conducta, sino a evitar tus malos momentos. La coherencia implica también la unidad de los padres.

No lo castigues sin explicarle por qué lo que ha hecho está mal. Y si con lo que le has dicho le has dado la posibilidad de escoger ("¿no te gustaría que...?").

Los niños pequeños solo pueden recordar unas pocas reglas; selecciona las que sean verdaderamente importantes para la seguridad del niño, para un entorno familiar tolerable y para obligarlos consecuentemente. Entonces, enseña al niño a obedecer cuando se le dé alguna instrucción concreta. Hacer la casa a prueba de niños que comienzan a dar sus primeros pasos, es más fácil que regañarlo continuamente cada vez que toca alguna cosa.

El castigo debe ajustarse a lo hecho. Fechorías como: desobedecer a los padres voluntariamente o dañar cosas a propósito merecen la pena máxima. Algunos expertos abogan por un buen par de azotes bien controlados, mientras que otros se oponen a azotar a los niños. En otros casos, las consecuencias deben relacionarse racionalmente con la maldad (así es como son las cosas en el mundo real). Por ejemplo: si después de decir y ejemplificar repetidamente el niño no dice "por favor", explícale por qué no conseguirá lo que pide a menos que lo diga; o puedes privarlo por un tiempo de alguna cosa que haya utilizado mal.

Las consecuencias lógicas son especialmente importantes para los hijos mayores. Mientras que los pequeños responden mejor a las señales físicas controladas. A veces en vez de o además de ser castigado, el niño necesita descansar o hablar sobre algo que lo está molestando.

Involucra a tus hijos en tus objetivos. Los niños aprenden a ser responsables a medida que los hacemos participar gradualmente en las decisiones que los afectan. Mucho antes de la adolescencia, comienza a involucarlos en el establecimiento del castigo que conlleva cada regla. Dales algún dinero (y si es posible la manera de ganárselo), ábreles una cuenta de ahorros y enséñales a ahorrar para conseguir las cosas que desean. Por supuesto, aunque estén involucrados en las decisiones, mientras vivan bajo tu techo, serás siempre la autoridad final.

La unidad de los padres. Para evitar confundir a los niños con señales contradictorias, los padres deben estar de acuerdo en lo que desean enseñar. Necesitan establecer ejemplos consecuentes y acordar qué castigo corresponde a cada infracción. El padre debe apoyar las decisiones y acciones de la madre y viceversa. Cuando ven que no hay unidad, los niños aprenden a oponer a los padres entre sí.

El apoyo de otros cristianos. Procura el apoyo emocional y la oración de otros creyentes. Hablen de lo que funciona y de lo que no; refrésquense con el estudio de la Biblia la oración y la enseñanza en grupo. Den ejemplo a sus hijos de cómo hablar, compartir y adorar juntos.

La visión a largo plazo.

> Instruye al niño en el camino,
> y aun en su vejez no lo abandonará (Prov. 22:6).

A lo largo del camino tropezarás con la rebelión, pero Dios te promete la victoria final si eres paciente.

Recuerda que estás entrenando a tu hijo en el camino que debe seguir; quieres que él refleje el carácter de Dios

La educación de los hijos

en su propia personalidad y vocación. No asumas que Dios quiere que él se dedique al "ministerio" como profesión o a estudiar la carrera que consideras más respetable. No le exijas una actividad intelectual si tiene talento para el trabajo manual, ni dureza si es sensible.

3. ¿Cómo puedo preparar a mis hijos en la Biblia y la oración sin aburrirlos?[2]

Sé consecuente. Escoge un momento que puedas mantener todos los días, tal como en la mañana, antes o después de las comidas o al acostarlos. No permitas que el niño programe actividades que interfieran con el momento de oración y lectura de la Biblia juntos. Los adolescentes exigen más libertad para programar sus actividades, pero debes ser capaz de programar algún tiempo junto con ellos una o dos veces por semana.

Ten en cuenta su edad.

Los que comienzan a dar sus primeros pasos pueden concentrarse en una lección tan solo dos o tres minutos. Necesitan una lección muy corta, una canción y una oración muy breve. Aprenden por la repetición la misma lección o la misma canción recitada o contada muchas veces en el día durante muchos días. Algunos prefieren observar pero la mayoría querrá participar. A ellos les gusta utilizar todos sus sentidos: el gusto, el tacto y el olfato lo mismo que la vista. Los muñecos, las figuras, los franelógrafos, los lápices de colores, las canciones, los juegos y la oportunidad para sentarse en las piernas de uno de sus padres para escuchar una historia bíblica hará que los bebés ansíen sus "devocionales".

Ellos aprenden cuando observan, y repiten una y otra vez lo que ven hacer. Si la repetición diaria es esencial para su aprendizaje, la escuela dominical no es suficiente por sí sola.

Los niños pequeños aceptarán cualquier cosa que les diga alguien en quien confían, así que esa es la edad ideal para comenzar su entrenamiento espiritual. Ellos pueden aprender:

- un concepto de Dios: quién es, su carácter, sus atributos;
- a amar, respetar la Biblia y a orar;
- a ser amables con los demás;
- la obediencia a Dios y a los padres;
- los personajes principales de la Biblia.

Los niños en edad escolar elemental están aprendiendo a relacionarse, a pensar por sí mismos, a definir sus valores morales y a actuar según ellos y a tratar con las sensaciones. Les gusta participar, la acción y el aprendizaje. Pueden captar cada vez más conceptos tales como:

- la salvación;
- la identificación pública con Cristo;
- la honestidad opuesta al engaño y a la mentira;
- la obediencia;
- la lealtad;
- la amistad.

A los preadolescentes, les gusta identificarse con un grupo, así que tu tiempo devocional puede ser una oportunidad que les permita disfrutar su pertenencia a la familia. Les gusta la estructuración, la lógica, contar y representar historias, las competencias y mucha actividad física. Las representaciones, los concursos de memorización bíblica, las ayudas visuales, los paseos por el bosque, los juegos bíblicos y representar papeles dramáticos, son ideales para ellos. Anímalos a registrar en un cuaderno las peticiones de oración y las respuestas.

Quince o veinte minutos es el tiempo que un preadolescente puede mantenerse atento a la oración y el estudio de la Biblia. Sin embargo, si relacionas el asunto con algo que le interese a él (amistades rotas, dudas sobre el amor de Dios, conflictos familiares, etc.), puedes conseguir una participación más prolongada y entusiasta.

La educación de los hijos

Enfatiza la *memorización y la meditación* en las Escrituras. Léela, recítala, representa los hechos por medio de figuras y juegos, interioriza las verdades por medio de la discusión, aplica las verdades haciendo que tus hijos participen en algún proyecto de servicio y practiquen de la vida piadosa en el hogar y en la escuela.

Dales una visión general de la Biblia enseñándoles lo fundamental en cada uno de los Testamentos.

Enfatiza la *oración*, anímalos a decirle a Dios cómo se sienten y lo que desean. Enséñales por qué algunas peticiones reciben respuestas "afirmativas", otras "negativas" y a otras dice: "espera". Utiliza canciones, salmos y tu propio ejemplo para enseñarles a alabar y a dar gracias; sea modelo de confesión y haga que los niños la practiquen cuando hagan algo que no esté bien.

Los adolescentes necesitan aprender a pensar y a decidir independientemente de sus padres. Lo cuestionan todo, especialmente los valores y las verdades aprendidas de sus padres, y se rebelan cuando intentan obligarlos a obedecer. Luchan con la gran cuestión de su propia identidad: ¿quién soy, qué creo, qué quiero hacer? Ellos necesitan unos padres que estén a su lado para hablarles y aconsejarlos, pero no para darles órdenes. Deben sentirse libres para negociar el momento y el contenido de sus devocionales, para mantenerse en silencio durante las conversaciones y la oración y hasta para ausentarse en alguna ocasión. Ellos ansían ser respetados. La discusión seria de los pasajes de la Biblia debe sustituir a los muñecos y a los juegos; concéntrate en los pasajes que tratan de la identidad y los valores (quién es Jesús, la resistencia a la tentación, las convicciones acerca del éxito y las relaciones, etc.) y mantente abierto para ver desafiados tus puntos de vista. Puedes expresar claramente tus desacuerdos mostrando al mismo tiempo que respetas a tu hijo y que lo amas no importa lo que diga. Enséñale que algunas verdades se aceptan por fe, pero que nunca debe dejar de lado el razonamiento inteligente.

Variedad. Es la clave para mantener el interés de los niños. Un día ora con los salmos; otro oren por turno; en otro, utiliza muñecos para ilustrar una historia sobre Jesús; representa, en alguna ocasión, una anécdota del Antiguo Testamento; pasa un día o dos aprendiendo versículos de la Biblia. Practica brevemente la memorización de versículos y determina un día para hacer un concurso de memorización. No tiene que hacer algo tremendamente creativo cada día, solo lo necesario para mantener una expectativa agradable. Cuando hayas conseguido alguna práctica, el planeamiento no debe tomarte más de veinte minutos cada semana.

LIBROS SOBRE LA EDUCACIÓN INFANTIL

Beausay, W. *¡Hijos! Ayúdelos a ser grandes hombres.* El Paso, Texas: Editorial Mundo Hispano, 1999.

McDowell, J. *El Padre que yo quiero ser.* El Paso, Texas: Editorial Mundo Hispano, 1998.

Serie: *El plan de Dios para el sexo.* Para niños de 3-5, 6-8, 8-11 y 11-14 años. El Paso, Texas: Editorial Mundo Hispano, 2000.

LIBROS SOBRE LOS DEVOCIONALES FAMILIARES

McDowell-Johnson. *Devocionales para la familia.* El Paso, Texas: Editorial Mundo Hispano, 2005.

McConnell, C. *Dedito y sus hermanos aprenden de Dios.* El Paso, Texas: Casa Bautista de Publicaciones, 1998.

McConnell, C. *Objetos que enseñan de Dios.* El Paso, Texas: Casa Bautista de Publicaciones, 1998.

Martínez, J. L. *Más objetos que enseñan de Dios.* El Paso, Texas: Casa Bautista de Publicaciones, 1998.

NOTAS

1. Martin, R. *Husbands, Wives, Parents, Children* (Esposos, esposas, padres e hijos) (Ann Arbor, Mich.: Servant Books, 1978, 1983), página 133.
2. Las respuestas a esta pregunta se han tomado de: Mary White, *Growing Together* (Cómo crecer juntos) (Colorado Springs, Colo.: NavPress, 1981).

EL DINERO

1. ¿Son el dinero y las posesiones materiales buenos, malos o moralmente neutros?[1]
Dios creó el mundo material y lo declaró "muy bueno" (Gén. 1:31). Las cosas materiales como el vestido y tierras, no son malas, ni siquiera moralmente neutras, sino buenas.

Dios creó el dinero. A través de toda la historia, el dinero ha sido un medio sencillo para guardar los valores: Si no tuviéramos el dinero, tendríamos que acarrear las cosas valiosas como el ganado o el grano para intercambiarlos directamente por otros bienes. Dios le permitió a Israel la utilización del oro y la plata para representar los bienes materiales como medio de intercambio y medida del valor (Deut. 14:24-27). Como las cosas creadas son buenas, el dinero que las representa también lo es.

Dios creó el capital. El capital es cualquier posesión que produzca beneficios continuados. El capital humano lo forman las habilidades físicas y mentales que pueden ser mejoradas por la práctica, la educación y la experiencia. El capital material está formado por la tierra, el ganado, los edificios, las fábricas, la maquinaria, los negocios, etc. El dinero es la tercera forma del capital; es singular en el sentido de ser útil solo cuando se lo convierte en alguna de las otras formas. Como Dios creó el capital, éste es bueno. Cualquier sistema económico del mundo utiliza el capital.

Dios creó la renta. La renta es el incremento producido en el capital. Cuando él estableció en Israel su modelo de sociedad, Dios entregó a cada familia una parte de la tierra (capital material) para que la trabajara (con capital humano) para producir renta (las cosechas). Dios no pretendió que el capital de la tierra se gastara, así que enseñó a Israel muy detalladamente cómo utilizar tanto el capital como la renta. Por tanto, la renta también es buena si es utilizada según las prioridades de Dios.

2. ¿Quién es el dueño de lo que poseo?
Dios es el dueño de todo lo que existe en el mundo.

> La tierra no se venderá a perpetuidad, porque la tierra es mía y ustedes no son aquí más que forasteros y huéspedes... la posibilidad de recobrar todo terreno que haya sido heredad familiar (Lev. 25:23, 24).

> Mía es la plata, y mío es el oro– afirma el Señor Todopoderoso (Hag. 2:8).

Dios nos hizo sus administradores. Dios nos creó a su imagen y nos encargó que ejerciéramos el dominio sobre su creación como sus mayordomos para cumplir sus propósitos (Gén. 1:26). Un "mayordomo" es un administrador. En varias parábolas, Jesús describió a Dios como un terrateniente y a los hombres como los siervos a los que había puesto a cargo de sus posesiones mientras estaba ausente (Mat. 25:14-30; Luc. 16:1-13; 19:12-27).

La enseñanza fundamental del Nuevo Testamento sobre la mayordomía es esta: Debemos usar productiva y fielmente lo que Dios nos ha confiado. Esto significa que debemos invertir nuestros recursos para conseguir alguna renta que contribuya a las metas de Dios (Luc. 16:10-11; 19:12, 13; 1 Cor. 4:2).

Para la mayoría, los individuos son dueños de las posesiones que Dios les ha confiado. Ser imagen de Dios significa en parte que tenemos personalidades diversas una responsabilidad individual y libertad para tomar decisiones morales. La responsabilidad por las posesiones materiales Dios la ha confiado, en primer lugar, a los individuos; y para lo que a él le concierne, somos mayordo-

El dinero

mos de sus propiedades. Pero generalmente la Biblia describe a los individuos como dueños de lo que tienen.

3. ¿Con qué propósito Dios me ha confiado mis posesiones?
Para disfrutar de sus bendiciones materiales.

> Dios... nos provee de todo en abundancia para que lo disfrutemos (1 Tim. 6:17).

Pablo advirtió a los colosenses que no se dejaran imponer reglas sobre qué debían comer, beber o hacer (Col. 2:16-23).

> Tienen sin duda apariencia de sabiduría, con su afectada piedad, falsa humildad y severo trato del cuerpo, pero de nada sirven frente a los apetitos de la naturaleza pecaminosa (Col. 2:23).

Como la creación material de Dios es buena, no debemos sentirnos culpables por disfrutarla, si evitamos la seducción del materialismo, la codicia y la avaricia.

Para utilizarlas en la edificación de la comunidad.
Aunque tenemos el sentido de ser individuos singulares y personalmente responsables de nuestras decisiones morales, somos también seres colectivos, hechos para vivir en comunidad. Somos responsables de las necesidades de los demás y no solo de las propias. Nuestro modelo es Cristo, quien dejó por nosotros y desinteresadamente lo que le pertenecía por derecho propio (Fil. 2:4-7). Las prioridades financieras, tanto en el Antiguo Testamento como en el Nuevo Testamento, son las siguientes:

La provisión para la familia.

> Pero si alguna viuda tiene hijos o nietos, que éstos aprendan primero a cumplir sus obligaciones con su propia

> familia y correspondan así a sus padres y abuelos, porque esto agrada a Dios... El que no provee para los suyos, y sobre todo para los de su propia casa, ha negado la fe y es peor que un incrédulo (1 Tim. 5:4, 8).

Bajo esta categoría de atención a las necesidades deben estar las básicas de la familia como: el alimento, el vestido, la vivienda, la educación, el cuidado médico, y la provisión para alguna emergencia futura. Las comodidades más allá de las necesidades son buenas, pero deben tener una prioridad menor que las responsabilidades de la lista siguiente:

La provisión para las necesidades de las hermanas y hermanos cristianos.

> Si alguien que posee bienes materiales ve que su hermano está pasando necesidad, y no tiene compasión de él, ¿cómo se puede decir que el amor de Dios habita en él? Queridos hijos, no amemos de palabra ni de labios para afuera, sino con hechos de verdad (1 Jn. 3:17, 18).

La Biblia enfatiza las ofrendas personales entre los cristianos (Rom. 12:3). Cuando vemos alguna necesidad debemos responder a ella y estar alertas para ver las necesidades. Dar para algún cristiano en dificultades es una prioridad mayor que dar a los pobres en general, porque es una expresión de la unidad que tenemos en Cristo. Entre nuestros valores, los intereses de nuestro hermano son iguales y hasta más importantes que los propios (Fil. 2:1-8).

La provisión para los pobres, las viudas y los huérfanos a quienes les falta uno o ambos padres.

> El que cierra su oído al clamor del pobre, llorará también sin que nadie le responda (Prov. 21:13).

El dinero

Juan el Bautista aconsejaba "producir frutos dignos de arrepentimiento":

> El que tiene dos camisas debe compartir con el que no tiene ninguna..., y el que tiene comida debe hacer lo mismo (Luc. 3:11).

Jesús y sus discípulos dieron a los pobres. En Hechos 9:36; 10:2, 3 se alaba a las personas por dar a los pobres.

En el Antiguo Testamento se habla de las viudas y los huérfanos como personas en necesidad (Deut. 10:18; 14:25-29, etc.), porque en la sociedad antigua eran especialmente vulnerables. Los padres que han perdido a su pareja y sus hijos tienen un grado de seguridad en la sociedad actual, pero a menudo tienen necesidades financieras o de algún otro tipo.

En nuestros países, el sistema de bienestar social hace que los ciudadanos piensen que, si pagan los impuestos, son liberados de la responsabilidad por los pobres. Sin embargo, como individuos y grupos cristianos, seguimos siendo responsables de ayudar a los pobres. Generalmente la mejor manera de ayudar a un pobre es dotarlo de capital en la forma de una capacitación, un trabajo o el material que necesita para trabajar productivamente (así como del ánimo personal necesario que edifique su esperanza). Algunas ideas sobre la ayuda a los pobres en el Antiguo Testamento pueden verse en Levítico 19:9, 10; 25:1-55; Deuteronomio 23:19, 20, 24, 25; 24:6, 10-15, 17-20.

La provisión para los líderes espirituales.

> El que recibe instrucción en la palabra de Dios, comparta todo lo bueno con quien le enseña (Gál. 6:6).

En el Nuevo Testamento se nos manda a sostener a nuestros ministros, ya sean pastores o ancianos en nuestra iglesia local o maestros y líderes itinerantes (Luc. 8:1-3; 9:1-5; 10:1-7; 1 Cor. 9:11-18; 1 Tim. 5:17, 18; Tito 3:13, 14; 3 Jn. 6, 7).

Ofrendar para la iglesia. Más allá del sostenimiento de nuestros líderes espirituales locales, debemos pagar también para conseguir un edificio que consideremos necesario para la adoración, la enseñanza y la comunión cristiana. La iglesia primitiva tenía gastos muy pequeños porque se reunían en las casas, pero si deseamos tener edificios y programas más elaborados, tendremos que pagar por ellos.

Para demostrar hospitalidad a los viajeros y a los extranjeros.

> No se olviden de practicar la hospitalidad, pues gracias a ella algunos, sin saberlo, hospedaron ángeles (Heb. 13:2).

No se trata aquí de acogerlos socialmente (lo cual está bien, pero se hace por placer o negocio), sino de la clase de amor desinteresado que se aparta de su camino para ayudar a los necesitados. En el Nuevo Testamento son mencionados los misioneros, los maestros itinerantes y otros cristianos que pasan por nuestra ciudad.

> Querido hermano, te comportas fielmente en todo lo que haces por los hermanos, aunque no los conozcas. Delante de la iglesia ellos han dado testimonio de tu amor. Harás bien en ayudarlos a seguir su viaje, como es digno de Dios. Ellos salieron por causa del Nombre, sin nunca recibir nada de los paganos... (3 Jn. 5-7).

La ofrenda para la extensión del evangelio. Aunque mencionamos este aspecto en último lugar, eso no significa que tenga la última prioridad. De hecho permea a todos los precedentes. La provisión para la propia familia, para

El dinero

otros hermanos cristianos y para otros pobres, es un testimonio práctico de que tenemos la misma actitud y la preocupación desinteresada que tuvo Cristo por los demás. "Adorna la doctrina de Dios nuestro Salvador" (Tito 2:10), y así sirve para la extensión del evangelio. La provisión para las iglesias, los líderes espirituales locales y los misioneros y maestros itinerantes, sirve también a ese fin. Pero también debemos priorizar el sostenimiento de los misioneros no solo cuando nos visitan, sino también cuando se encuentran en su campo de misión.

Pablo se refirió a los filipenses que sostenían su ministerio no como "donantes" sino como sus colaboradores en el evangelio (Fil. 1:5). Mantenía con ellos una relación personal y amorosa que los estimulaba a sostenerlo financieramente.

4. ¿Cuál debe ser mi actitud al ofrendar?

Ofrendar es una bendición para el que ofrenda y para el que recibe. Pablo habla de "el privilegio de participar en este servicio para los santos" (2 Cor. 8:4). Aun en su "extrema pobreza", los cristianos de Macedonia sentían que dar era un privilegio tal, que insistían en que Pablo les permitiera hacerlo. ¿Por qué dar es una bendición y un privilegio?

Porque nos permite reflejar el carácter de Dios. Dios es dador por naturaleza (Juan 3:16; Rom. 8:32; Fil. 2:5-8), y, naturalmente, los cristianos queremos ser como él.

Porque edifica la comunidad y la comunión. Cuando actuamos como colaboradores compartiendo generosa y humildemente las finanzas, el amor es fortalecido.

> Además, en las oraciones de ellos por ustedes, expresarán el afecto que les tienen por la sobreabundante gracia que ustedes han recibido de Dios. ¡Gracias a Dios por su don inefable! (2 Cor. 9:14, 15).

Aquí, el "don inefable" es en parte el vínculo de amor entre todos los dadores y también entre ellos y los receptores.

Porque produce madurez.

> Ahora, hermanos, queremos que se enteren de la gracia que Dios ha dado a las iglesias de Macedonia... procuren también sobresalir en esta gracia de dar (2 Cor. 8:1,7; ver también 9:10).

Porque permite que Dios dé al que ofrenda. En el Nuevo Testamento se enfatizan las recompensas espirituales de dar, aunque también es posible obtener las materiales.

> No acumulen para sí tesoros en la tierra, donde la polilla y el óxido destruyen, y donde los ladrones se meten a robar. Más bien, acumulen para sí tesoros en el cielo, donde ni la polilla ni el óxido carcomen, ni los ladrones se meten a robar. Porque donde esté tu tesoro, allí estará también tu corazón (Mat. 6:19-21).

> Den, y se les dará: se les echará en el regazo una medida llena, apretada, sacudida y desbordante. Porque con la medida que midan a otros, se les medirá a ustedes (Luc. 6:38).

Pablo escribió a los filipenses que ofrendaron para su ministerio sin esperar alguna devolución: "Así que mi Dios les proveerá de todo lo que necesiten, conforme a las gloriosas riquezas que tiene en Cristo Jesús" (Fil. 4:19). Debido a que Pablo y los filipenses eran colaboradores en el ministerio, compartían las recompensas espirituales que Pablo estaba guardando en los cielos (Fil. 4:17). De la misma manera si actuamos como colaboradores de algún pastor o misionero, compartiremos sus recompensas espirituales.

Filipenses 4:19 no nos promete que Dios proveerá para todo lo que desee una persona egoísta. En primer lugar, se refiere a necesidades, no a deseos egoístas. Además, Pablo se dirige a personas que ofrendaban desinteresadamente,

El dinero

por amor y no por un deseo de beneficio material. Jesús nos pide que demos "sin esperar nada a cambio" (Luc. 6:35).

En el Antiguo Testamento Dios hizo muchas promesas de bendecir materialmente a Israel como resultado de ofrendar generosamente. Existen diversas opiniones sobre si esas promesas se aplican a los cristianos o si las bendiciones de ofrendar son principalmente espirituales. Lo que importa es que Dios mira los corazones. Si ofrendamos esperando recibir una recompensa terrenal, perdemos la celestial (Mat. 6:2).

La ofrenda produce muchos resultados positivos.
La ofrenda produce acción de gracias y alabanza.

> Ustedes serán enriquecidos en todo sentido para que en toda ocasión puedan ser generosos, y para que por medio de nosotros la generosidad de ustedes resulte en acciones de gracias a Dios. Esta ayuda... no solo suple las necesidades de los santos sino que también redunda en abundantes acciones de gracias a Dios. ...al recibir esta demostración de servicio, ellos alabarán a Dios por la obediencia con que ustedes acompañan la confesión del evangelio de Cristo, y por su generosa solidaridad con ellos y con todos (2 Cor. 9:11-13).

La ofrenda produce gozo.

> Me alegro muchísimo en el Señor de que al fin hayan vuelto a interesarse en mí. Claro está que tenían interés, solo que no habían tenido la oportunidad de demostrarlo (Fil. 4:10).

La ofrenda produce oración.

> En todas mis oraciones por todos ustedes, siempre oro con alegría, porque han participado en el evangelio desde el primer día hasta ahora (Fil. 1:4, 5).

La ofrenda anima a otros a ofrendar.

> No hace falta que les escriba acerca de esta ayuda para los santos, porque conozco la buena disposición que ustedes tienen. Esto lo he comentado con orgullo entre los macedonios, diciéndoles que desde el año pasado ustedes los de Acaya estaban preparados para dar. El entusiasmo de ustedes ha servido de estímulo a la mayoría de ellos (2 Cor. 9:1, 2).

"Hay más dicha en dar que en recibir" (Hech. 20:35). Por lo tanto, debemos organizar nuestras finanzas de manera que podamos dar lo más posible, y para no estar recibiendo constantemente de la generosidad de los demás. No debemos avergonzarnos o ser demasiado orgullosos para recibir, pero nuestra meta debe ser dar más frecuentemente de lo que recibimos.

Algunas personas piensan que trabajar en una profesión lucrativa y ahorrar para el futuro, indica que no se está dispuesto a depender de Dios para la satisfacción de las necesidades diarias. Sin embargo, la Biblia alaba, y nunca censura, las ganancias honestas, el planeamiento y el ahorro.

La ofrenda ha de ser voluntaria. En el Antiguo Testamento existen algunas exigencias financieras que son obligatorias (Éxo. 13:1-16; 23:19; Lev. 27:30-32). No entregar a Dios el diezmo de las ganancias personales, las primicias de las cosechas y el precio de cada primogénito, persona o animal, era considerado un "robo a Dios" (Mal. 3:8-10). Muchos cristianos piensan que el diezmo es lo mínimo que debemos dar a Dios y su obra (raramente se aplican literalmente las leyes sobre las primicias de los frutos). Sin embargo, en sus extensas enseñanzas sobre la ofrenda, ni Jesús ni Pablo hacen una ley del diezmo. En su lugar, siempre enfatizan la ofrenda voluntaria como una expresión de amor.

El dinero

> No es que esté dándoles órdenes, sino que quiero probar la sinceridad de su amor en comparación con la dedicación de los demás. Ya conocen la gracia de nuestro Señor Jesucristo, que aunque era rico, por causa de ustedes se hizo pobre, para que mediante su pobreza ustedes llegaran a ser ricos (2 Cor. 8:8, 9).

Por otra parte, muchos cristianos que no consideran el diezmo como una obligación, creen que quien no está dispuesto a diezmar, no ha captado los principios de generosidad y contentamiento y la bendición de ofrendar.

Al decidir cuánto de tus entradas apartarás para dar, pide al Señor que limpie tu corazón de racionalizaciones y excusas. Para disciplinarte a ti mismo en la ofrenda, el diezmo es un buen punto de partida.

La ofrenda debe ser alegre.

> Cuando... no endurezcas tu corazón ni le cierres tu mano. Antes bien, tiéndele la mano y préstale generosamente lo que necesite. No des cabida en tu corazón a la perversa idea de que, por acercarse el año séptimo, año del perdón de las deudas,... No seas mezquino sino generoso (Deut. 15:7-10a).

> Cada uno debe dar según lo que haya decidido en su corazón, no de mala gana ni por obligación, porque Dios ama al que da con alegría (2 Cor. 9:7).

Ofrendamos no porque Dios nos castigará si no lo hacemos, sino porque amamos a Dios y a las personas, y estamos agradecidos con Dios por la liberalidad de su provisión.

Tampoco debemos juzgar a otros porque dan menos de lo que pensamos que pueden dar.

> ¿Quién eres tú para juzgar al siervo de otro? Que se mantenga en pie, o que caiga, es asunto de su propio señor. Y se mantendrá en pie, porque el Señor tiene poder para sostenerlo... Cada uno debe estar firme en sus propias opiniones. ...Tú, entonces, ¿por qué juzgas a tu hermano? O tú, ¿por qué lo menosprecias? (Rom. 14:4, 5, 10).

La cantidad ofrendada debe ser proporcional a nuestros ingresos. El diezmo es un buen comienzo. Pero los cristianos acaudalados, cuando han podido eludir las trampas del materialismo y la codicia, generalmente se dan cuenta de que pueden aumentar la proporción de sus ingresos usada para suplir las necesidades de otros. Quien no sea acaudalado, no debe sentir que no es responsable de ofrendar o que no importa si su ofrenda es escasa (Luc. 21:1-4; 2 Cor. 8:11, 12). Dios está interesado en las actitudes del corazón y no en la cantidad de la ofrenda.

La ofrenda debe ser generosa.

> Recuerden esto: El que siembra escasamente, escasamente cosechará, y el que siembra en abundancia, en abundancia cosechará (2 Cor. 9:6).

Dios es generoso y aprovecha cada oportunidad para expresarse. Él se complace cuando reflejamos su carácter.

La ofrenda debe ser regular y sistemática. Pablo sugirió que los corintios apartaran sus ofrendas cada semana (1 Cor. 16:2). Él se dio cuenta de las discrepancias que surgen entre nuestras intenciones y nuestros actos, así que sugirió una disciplina semanal. Aunque no existe una norma universal sobre la ofrenda semanal, es necesario planificar cuándo y cuánto vamos a dar.

La ofrenda debe hacerse sin exhibicionismo.

> Cuídense de no hacer sus obras de justicia delante de la gente para llamar la atención. Si actúan así, su Padre que está en el cielo no les dará ninguna recompensa. Por eso, cuando des..., no lo anuncies al son de trompeta, como lo hacen los hipócritas en las sinagogas y en las calles para que la gente les rinda homenaje. Les aseguro que ellos ya han recibido toda su recompensa. Más bien, cuando des..., que no se entere tu mano izquierda de lo que hace la derecha, para que tu limosna sea en secreto. Así tu Padre, que ve lo que se hace en secreto, te recompensará (Mat. 6:1-4).

Como siempre, lo importante ante los ojos de Dios no es la acción, sino la motivación.

5. ¿Cómo puedo obtener suficiente dinero para ofrendar generosamente? La clave no es la magnitud de tus ingresos, sino tus actitudes:

El reino de Dios está en primer lugar. Cuando Jesús llamó a sus discípulos, muchos de ellos tuvieron que dejar su profesión para seguirlo (Mat. 4:18, 19; Mar. 2:14). Como recompensa a su compromiso, no les prometió algo material, ni siquiera un sitio donde dormir (Mat. 8:20). El amor por Jesús ha de estar antes del amor por la familia y por la propia vida (Mat. 10:37-39; Luc. 14:26-33). Como recompensa, los discípulos de Jesús recibirían tesoros en el cielo, vida verdadera y la provisión para las necesidades de esta vida (Mat. 6:25-34).

> Y todo el que por mi causa haya dejado casas, hermanos, hermanas, padre, madre, hijos o terrenos, recibirá cien veces más y heredará la vida eterna (Mat. 19:29).

Las cosas materiales de las que habló Jesús en Mateo 6, no son malas, pues son provisión de Dios. Pero si les das una prioridad excesiva como objetivos de la vida, se convierten en ídolos. Por lo tanto, deben mantenerse en la perspectiva correcta.

La fe debe reemplazar al afán.

> Por eso les digo: No se preocupen por su vida, qué comerán o beberán; ni por su cuerpo, cómo se vestirán... ¿Quién de ustedes, por mucho que se preocupe, puede añadir una sola hora al curso de su vida? ¿Y por qué se preocupan por la ropa?... Así que no se preocupen diciendo: "¿Qué comeremos?" o "¿Qué beberemos?" o "¿Con qué nos vestiremos?"... Más bien, busquen primeramente el reino de Dios y su justicia, y todas estas cosas les serán añadidas. Por lo tanto, no se angustien por el mañana, el cual tendrá sus propios afanes. Cada día tiene ya sus problemas (Mat. 6:25-34).

La esencia del mensaje de Jesús sobre las cosas materiales es simplemente: "no te afanes" porque Dios provee adecuadamente. Bajo esta exhortación yacen asuntos más importantes: la lealtad de nuestro corazón, la actitud de nuestra mente, nuestra razón para existir, y la fuente de nuestra confianza. Si buscamos primero el reino de Dios, si estamos ofrendando generosamente, si estamos dependiendo de Dios en oración y con acción de gracias, si estamos evitando la codicia y el materialismo, entonces podemos confiar en que Dios suplirá nuestras necesidades.

Las palabras de Jesús acerca de la fe y la dependencia de Dios, no contradicen otras recomendaciones bíblicas sobre la diligencia, la frugalidad, el trabajo dedicado, la buena mayordomía y la planificación cuidadosa. Confiamos activamente en Dios para que él nos capacite para cumplir con las respon-

El dinero

sabilidades enumeradas antes en la pregunta 3 (página 191), ¿Con qué propósito Dios me ha confiado mis posesiones?

Debemos dominar sobre las cosas materiales y no ser sus esclavos.

> Nadie puede servir a dos señores, pues menospreciará a uno y amará al otro, o querrá mucho a uno y despreciará al otro. No se puede servir a la vez a Dios y a las riquezas (Mat. 6:24).

El materialismo consiste en hacer del dinero y las posesiones materiales las metas de la vida, nuestro dios. Aun si decimos y pensamos que Cristo es nuestro Señor, aun si asistimos al templo y leemos libros cristianos. En realidad servimos inconscientemente a lo que consideramos la meta de nuestra vida.

Jesús advierte repetidamente contra los peligros del materialismo (Luc. 12:13; 15:12; 16:14). ¿Cuáles son las señales del materialismo? ¿Cómo podemos evitarlas?

La acumulación de posesiones.

> El terreno de un hombre rico le produjo una buena cosecha. Así que se puso a pensar: "¿Qué voy a hacer? No tengo dónde almacenar mi cosecha." Por fin dijo: "Ya sé lo que voy a hacer: derribaré mis graneros y construiré otros más grandes, donde pueda almacenar todo mi grano y mis bienes. Y diré: Alma mía, ya tienes bastantes cosas buenas guardadas para muchos años. Descansa, come, bebe y goza de la vida." Pero Dios le dijo: "¡Necio! Esta misma noche te van a reclamar la vida. ¿Y quién se quedará con lo que has acumulado?" Así le sucede al que acumula riquezas para sí mismo, en vez de ser rico delante de Dios (Luc. 12:16-21).

La acumulación de posesiones es algo "absurdo, y una penosa tarea" (Ecl. 4:8). Si estás siendo tentado a acumular más de lo que necesitas para lo que requiere tu familia y para tus demás responsabilidades (incluyendo el ahorro para las emergencias, la jubilación, la ofrenda, etc.), pregúntate cuál es tu objetivo. ¿Estás haciendo sabias inversiones eternas o acumulando lo que no usarás nunca?

La generosidad es lo opuesto de la acumulación y demuestra ser, a largo plazo, mucho más sabia (ver la página 195).

La preocupación por las cosas materiales.

> Los que quieran enriquecerse caen en la tentación y se vuelven esclavos de sus muchos deseos. Estos afanes insensatos y dañinos hunden a la gente en la ruina y en la destrucción. Porque el amor al dinero es la raíz de toda clase de males. Por codiciarlo, algunos se han desviado de la fe y se han causado muchísimos sinsabores (1 Tim. 6:9, 10).

Si te das cuenta de que estás pensando y preocupándote mucho por las finanzas, pídele a Dios que te libere de esa preocupación por las cosas materiales y que te ayude a confiar en él.

La codicia.

> No codicies la... de tu prójimo, ni desees su casa, ni su..., ni nada que le pertenezca (Deut. 5:21).

Mientras que la acumulación es ceñirse a las propias posesiones, la codicia es ansiar lo que pertenece a otros. La codicia es idolatría (Ef. 5:5; Col. 3:5). Es amar las cosas en lugar de amar a Dios y a las personas. Con frecuencia conduce a la envidia, al deseo de dañar o destruir lo que

El dinero

otra persona posee y que ansiamos. Las señales de la codicia son el deseo de enriquecerse rápidamente y la incapacidad de satisfacerse con lo que se posee. Mientras más se posee, más se desea (Ecl. 5:10; Stg. 4:1-3).

Lo opuesto a la codicia es el contentamiento. Esto significa que estamos dispuestos a aceptarnos tal como Dios nos ha creado, con nuestros dones, talentos y oportunidades. El contentamiento respecto de las cosas materiales es una aceptación activa, no pasiva. Estar contentos nos capacita para aceptar las responsabilidades que acompañan nuestro llamamiento y nuestra situación.

Pablo aceptó su situación en la vida aunque ésta implicara dificultades y una variedad de circunstancias financieras.

> No digo esto porque esté necesitado, pues he aprendido a estar satisfecho en cualquier situación en que me encuentre. Sé lo que es vivir en la pobreza, y lo que es vivir en la abundancia. He aprendido a vivir en todas y cada una de las circunstancias... (Fil. 4:11, 12).

El contentamiento no es cosa fácil cuando estamos rodeados de personas con las cuales nos estamos comparando constantemente y cuyo respeto deseamos. La solución es saturar nuestra mente con la Palabra de Dios, de manera que podamos reconocer los efectos negativos de la codicia y el amor por las posesiones.

Nuestra confianza debe estar puesta en Dios, y no en nosotros mismos, como fuente de la provisión.

> No se te ocurra pensar: "Esta riqueza es fruto de mi poder y de la fuerza de mis manos". Recuerda al SEÑOR tu Dios, porque es él quien te da el poder para producir esa riqueza; así ha confirmado hoy el pacto que bajo juramento hizo con tus antepasados (Deut. 8:17, 18).

Una razón por la que las personas se hacen amantes de las posesiones y son codiciosas, es el pensamiento de que la sobrevivencia depende de ellos mismos y que el éxito material es una razón para sentirse orgullosos. Pero nuestra sobrevivencia depende de Dios, el éxito material honrado debe movernos a ser humildemente agradecidos y el éxito deshonesto debe avergonzarnos porque presagia el desastre.

Nuestra confianza debe estar puesta en Dios, y no en las riquezas, como fuente de seguridad. Las riquezas no son confiables; no podemos llevárnoslas a la eternidad (Luc. 12:16- 21). Aun más, no podemos siquiera garantizar que no se desvanecerán súbitamente en esta vida (Prov. 23:4, 5). En tercer lugar, aun si pudiéramos asirla, la riqueza no trae satisfacción (Ecl. 5:10).

Sé honesto.

> El dinero mal habido pronto se acaba; quien ahorra, poco a poco se enriquece (Prov. 13:11).

La riquezas conseguidas deshonestamente o dañando a otras persona, tienden a desaparecer rápidamente. Pero aun si una persona envejece enriqueciéndose deshonestamente, su vida se hará torcida y, finalmente, vacía.

> Mas vale tener poco, con temor del Señor, que muchas riquezas con grandes angustias (Prov. 15:16).

En las leyes que dio a Israel, Dios enfatiza la honestidad.

> Porque él aborrece a quien comete tales actos de injusticia (Deut. 25:16).

¿Valen tanto las riquezas como para aceptar que seas detestado por Dios?

El dinero

Vive por debajo de tus ingresos.

> En casa del sabio abundan las riquezas y el perfume,
> pero el necio todo lo despilfarra (Prov. 21:20).

Llegamos ahora a los aspectos prácticos. Si gastas todo lo que ganas, no te dejas margen para el error o para alguna emergencia; te endeudarás inevitablemente. Pero si resistes el materialismo y crece tu contentamiento, vivir por debajo de tus ingresos es siempre posible.

Establece prioridades.
Si no gastas todos tus ingresos, tendrás un pequeño sobrante para establecer tus prioridades. Sugerimos lo siguiente:

Lo esencial.

➤ Ofrenda básica (reconocer a Dios en el primer lugar).
➤ Impuestos y deudas (responsabilidades automáticas).
➤ Necesidades familiares básicas (alimentación, vivienda, educación, cuidado médico, vestido).
➤ Ahorro para conseguir alguna ganancia (un seguro es una opción parcial).

El sobrante.

Después de suplir para lo esencial, existen dos vías para el ahorro, las cuales debes tratar de seguir simultáneamente. Establecer la prioridad y el equilibrio entre ambas vías, queda a discreción de la persona o la familia, siempre buscando la dirección de Dios.

Método # 1	**Método # 2**
Aumentar la ofrenda	Suplir necesidades familiares secundarias (vestido, transporte, recreación)
↓	↓
Aumentar la ofrenda	Ahorrar para formar un capital
↓	↓
Aumentar la ofrenda	Ahorrar para distracciones familiares (conveniencia y comodidad)
↓	↓
Aumentar la ofrenda	Ahorrar para distracciones personales (viajes, lujos, etc.)[2]

Domina tu crédito. Comprar a crédito significa vivir por encima de tus ingresos, utilizando el que obtendrás mañana para comprar lo que deseas hoy. Por lo general es un reflejo de materialismo, codicia, impaciencia y falta de autocontrol. Además, es extremadamente costoso pues los intereses se añaden dramáticamente al costo de las cosas.

> Los ricos son los amos de los pobres; los deudores son esclavos de sus acreedores (Prov. 22:7).

La Biblia no prohíbe comprar a crédito, pero nos advierte contra ello. La mayoría de los consejeros financieros cristianos, aconsejan utilizar las tarjetas de crédito solo para adquirir artículos que se valorizan con el tiempo como casas y negocios. Artículos que se deprecian, tales como refrigeradores, automóviles, etc., deben comprarse al contado.

Para aquellos que no pueden resistir la tentación de gastar de más, los consejeros cristianos aceptan el uso de las tarjetas de crédito por lo inconveniente que resultaría llevar una gran cantidad de dinero (como para alquilar un automóvil en otra ciudad). Pagar la factura en el acto y evitar el cargo de intereses no es ninguna necedad.

Usaremos poco nuestro crédito si hacemos lo siguiente:

➤ honramos a Dios con nuestro dinero y confiamos en que él suplirá para nuestras necesidades (Fil. 4:19);
➤ aprendemos a contentarnos (Fil. 4:11, 12);
➤ aprendemos la paciencia y el autocontrol (Gál. 5:22, 23);
➤ pedimos a Dios sabiduría en los asuntos financieros y la usamos (Stg. 1:5);
➤ evitamos la esclavitud del endeudamiento (Prov. 22:7).

Si evitamos utilizar nuestro crédito, sería una política contradictoria avalar el de otros (Prov. 22:26, 27). Debemos satisfacer las necesidades de los hermanos en la comu-

El dinero

nidad por medio de ofrendas generosas. Si no somos capaces de dar, tampoco lo seremos para responsabilizarnos de las deudas de otra persona. No debemos avalar un préstamo para nadie a menos que estemos dispuestos a pagar la deuda con generosidad.

A continuación se expresa una serie de prácticas que aplican los principios bíblicos estudiados.

Aprende a comprar con sabiduría.

Compra al contado. No solo te ayudará a evitar el uso del crédito, sino que, además, te permitirá aprovechar los descuentos. Como los comerciantes tienen que pagar un porcentaje a la compañía emisora de las tarjetas y deben esperar hasta treinta días para recibir el dinero, muchos pequeños comerciantes aceptarán hacer alguna rebaja en el precio si se paga al contado.

Distingue las necesidades de los deseos.

No permitas que nadie te cree alguna necesidad. Aprende y enseña a tus hijos a evaluar la publicidad. Si fuera necesario, oren juntos sobre este asunto. Analiza con tus hijos el presupuesto familiar.

Nunca compres por impulso.

Anticípate a las necesidades y ejercita la paciencia.

Tómate tiempo para comparar los precios.

Compra por el valor y no necesariamente por el precio.

Repara en vez de reponer.

Compra siempre por tu iniciativa. No permitas que nadie te venda algo hasta que no estés dispuesto a comprarlo. Toma todo el tiempo que necesites para decidir.

Busca la dirección y la ayuda de Dios (Stg. 1:5).

Busca el consejo de otras personas (Prov. 15:22).

Tómate suficiente tiempo.

Los planes bien pensados: ¡pura ganancia!
Los planes apresurados: ¡puro fracaso! (Prov. 21:5).

NOTAS
1. El material de este capítulo ha sido adaptado de: Jake Barnett, *Wealth and Wisdom* (Riqueza y sabiduría) (Colorado Springs, Colo.: NavPress).
2. Barnett, página 256.

El trabajo y el descanso

1. ¿Cuál es la visión de Dios sobre el trabajo?[1]

Dios es un trabajador. Dios trabajó para crear el mundo y trabaja para sustentarlo. Además, está trabajando constantemente para cumplir su propósito en la historia y en la vida de cada persona (Deut. 11:1-7; Fil. 2:12, 13). Él no hace nada que no sea inherentemente bueno; así, el hecho de que Dios denomina "trabajo" a lo que él hace y además lo llama "bueno", significa que el trabajo tiene valor.

Dios creó al hombre a su imagen como trabajador. Antes de la caída, Dios asignó al hombre y a la mujer la tarea de cuidar la creación y cultivar el jardín donde vivían (Gén.1:26-29; 2:8, 15). El trabajo no es una consecuencia de la caída.

El trabajo es un don para nosotros. Al asignar un trabajo a Adán y a Eva, Dios les estaba dando significado e importancia. Por medio del trabajo ellos reflejaban la imagen de Dios. Aun después de la caída, el trabajo es un don de Dios: "y sé también que es un don de Dios que el hombre coma o beba, y disfrute de todos sus afanes" (Ecl. 3:13).

Fuimos creados como colaboradores de Dios. Dios sembró el jardín y el hombre lo cultivaba. ¡La primera sociedad! Esto no implica que Dios nos necesite para culminar su obra; más bien, porque él disfruta de la relación con sus criaturas, él nos escoge para participar en sus planes.

2. ¿Qué implica para mí la visión de Dios sobre el trabajo?
Todo trabajo legítimo es una extensión de la obra de Dios. El trabajo legítimo es aquel que contribuye a la voluntad

de Dios para el mundo y no contribuye activamente a lo que no es su voluntad. El trabajo que destruye la creación de Dios —la prostitución, el robo profesionalizado— es una corrupción de la obra de Dios. Pero aunque el mal también afecta al trabajo legítimo, el trabajo en sí es bueno y una contribución a los fines de Dios.

La relación entre el trabajo que hacemos y su contribución a la obra de Dios no es siempre evidente. La mayoría de los trabajadores "seculares" piensa que Dios solo está interesado en las cuestiones religiosas. Esta creencia se basa en cuatro suposiciones falsas.

➤ Dios está mucho más interesado en el alma de las personas que en el cuerpo.
➤ Las cosas eternas son mucho más importantes que las temporales.
➤ La vida misma está dividida entre los sagrado y lo profano.
➤ Los ministros y los misioneros son mucho más importantes en el programa de Dios que los que se ocupan de trabajos "seculares".

Sin embargo, la Biblia establece claramente que Dios está interesado en las personas integralmente y no solo por su alma. Por tanto, la persona que fabrica los contenedores utilizados para transportar los alimentos que consumimos en nuestra mesa, contribuye tanto a la obra de Dios como un maestro, una enfermera o un misionero.

Más aun, lo que ocurre tanto en la eternidad como en el tiempo, es totalmente real e importante para Dios. El hecho de ser colaboradores de Dios para hacer que este mundo físico y temporal funcione suavemente, lo glorifica tanto como la colaboración en la evangelización. Es cierto que la eternidad es nuestro destino final y que ese destino afecta todo lo que hacemos hoy. Sin embargo, eso significa la glorificación de Dios en todas las maneras posibles —en

El trabajo y el descanso

nuestro trabajo tanto como en la oración, la adoración y la evangelización—. Si Dios te ha diseñado para ser un arquitecto o un carpintero, entonces la construcción de edificios es la mejor manera que él te ha dado para decirles a todos que tu vida se dirige, como debiera hacerlo también la de ellos, hacia una eternidad con Dios.

Trabajar bien es un aspecto esencial para la extensión del evangelio en tu vida diaria. Dios les ha encargado a todos los cristianos ser testigos de la verdad del evangelio. Pero hablar de Cristo no es el único medio del testimonio cristiano. Nuestras palabras pierden todo significado si no son respaldadas por una vida comprometida a obedecer los dos grandes mandamientos de Jesús: amar a Dios y a nuestro prójimo (Mat. 22:34-40). Una de las maneras elementales de mostrar nuestro amor a Dios es colaborando con él en el cuidado de su creación física, reflejando su imagen por medio del trabajo útil; y una de las maneras fundamentales de mostrar nuestro amor al prójimo es trabajando para contribuir a su bienestar. Cuando las personas nos observan que trabajamos con integridad y preocupación tanto por la gente como por lo que producimos, ganamos su respeto y su interés sobre nuestras motivaciones.

Para la mayoría de nosotros, el lugar de trabajo es nuestro principal campo misionero. Pero la tarea que realizamos no relega a un segundo lugar el "verdadero" trabajo de establecer amistades y proclamar el evangelio. Realizar bien nuestro trabajo "secular" es una de las principales maneras de demostrar el evangelio y glorificar a Dios.

No tenemos que estar aburridos o sentirnos insignificantes. El trabajo es una de las principales maneras de cumplir los dos grandes mandamientos de amar. Por medio del trabajo amamos a Dios y al prójimo:

- sirviendo al prójimo;
- satisfaciendo nuestras propias necesidades;
- satisfaciendo las necesidades de nuestra familia;
- ganando dinero para poder dar a otros;
- colaborando con Dios en una tarea que él desea ver hecha.

Cuando comprendemos que Dios nos ha colocado en nuestro trabajo para contribuir a su creación, le otorga al mismo un sentido de dignidad y de propósito.

Tu carrera no define quién eres. Nuestra cultura idolatra el trabajo y su credo incluye las siguientes creencias:

- El objetivo final del trabajo es completarte a ti mismo.
- El éxito en la vida implica el éxito en el trabajo.
- Puedes saber cuánto éxito ha tenido una persona por su riqueza material, su reconocimiento profesional o su posición social. La imagen es más importante que la realidad.
- Tienes que hacer lo que sea necesario para conseguir la realización de una tarea.

A los ojos de Dios, el objetivo final del trabajo es que lo glorifiquemos a él y que sirvamos a los demás. El éxito en la vida se mide más por lo bien que hayamos amado que por la posición que hayamos logrado en el trabajo. El hombre que ha descuidado su matrimonio y su familia, que ha dejado que sus hijos se hagan drogadictos y que ha logrado que sus subordinados lo detesten, es un fracaso a los ojos de Dios, aunque haya logrado el "éxito" en los negocios. Dios se interesa en el corazón, no en las apariencias; él aplaude que se haga lo necesario para realizar una tarea: trabajar dura y eficientemente, tener una buena planificación. Pero nada justifica la violación de la moral o lastimar a las personas.

La razón por la que las personas son llevadas a hacer "lo que sea" es la idea de que su carrera los define. Pero

El trabajo y el descanso

el cristiano se identifica como un hijo de Dios, un colaborador y coheredero con Cristo.

> ¿De qué le sirve a uno ganar el mundo entero si se pierde o se destruye a sí mismo? (Luc. 9:25).

Encontrar tu identidad en Cristo te liberará de la futilidad y desesperanza de estar siempre procurando subir en la escala profesional para satisfacer tu valía.

Ganar no es la única cosa. Nuestro trabajo es hacer la obra de Dios, seguir su camino y confiarle los resultados. En su soberanía, él puede permitirnos experimentar la adversidad o el éxito, para hacernos madurar y mostrar le al mundo cómo nos manejamos en cada una de esas situaciones. Pero él siempre tiene todo bajo su control.

3. ¿CÓMO HA AFECTADO EL PECADO AL TRABAJO?

El pecado no destruyó la dignidad ni el valor del trabajo. Cuando el hombre pecó, Dios maldijo la tierra que tendría que cultivar, pero no hizo un castigo de la tarea de cultivarla (Gén. 3:14-19). De hecho, fue un don de su gracia expulsar al hombre del jardín con la posibilidad de hacer algún trabajo constructivo, evitando así el destino peor de vivir eternamente en un mundo de creciente pecaminosidad.

El pecado hizo que el trabajo fuera más penoso. Dios maldijo la tierra. El sudor, la fatiga y la carga del trabajo son consecuencias de la caída.

El pecado cambió en "vanidad" la vida y el trabajo. En Eclesiastés 2:18—6:9 se detalla cómo nuestros mayores logros en el trabajo son efímeros y, en última instancia, vanidad. El mayor invento del año anterior queda anticuado en el actual, los alimentos tienen que ser replantados, procesados y transportados continuamente;

nunca se termina de lavar la ropa y los platos. Hasta la evangelización y el discipulado son una tarea que nunca termina, que los pastores y los misioneros constantemente están iniciando de nuevo.

La vanidad del trabajo es una de las principales causas de frustración y desaliento; sin embargo, en lugar de desesperarnos, debemos disfrutar los pequeños pero verdaderos logros de la colaboración con Dios. Debemos depositar nuestra esperanza en el día en que Dios liberará a su creación de la vanidad (Ecl. 5:12-18; 9:7-10; Rom. 8:1-39).

El pecado afecta a nuestros colaboradores y a todo el sistema. Las personas mienten, defraudan a los clientes, roban a sus empleadores y se destruyen mutuamente en una ambiciosa lucha por el poder. Hasta el cristiano que desea trabajar con integridad es obligado a comprarles a suministradores cuya ética es dudosa, apoyando así, indirectamente, a los malhechores; y se encuentra tentado por su naturaleza pecaminosa a la pereza y la ambición egoísta.

A causa del pecado, ninguna de nuestras obras satisface completamente las intenciones de Dios. Sin embargo, es esencial preguntarnos si lo que estamos haciendo es nuestra mejor contribución a la obra de Dios.

4. ¿CUÁLES SON ALGUNAS BUENAS Y MALAS MOTIVACIONES PARA TRABAJAR? Las buenas motivaciones incluyen:

➤ servir a Cristo;
➤ suplir las necesidades de las personas;
➤ glorificar al Creador.

Las malas motivaciones incluyen:
➤ solo recibir la paga sin importar la calidad de lo que se hace;
➤ ansias de riqueza;
➤ ansias de posición social, respeto o poder;

El trabajo y el descanso

➤ evitarle dificultades a tu familia;
➤ probarles a los demás lo que vales.

Vale la pena examinar en oración tus motivaciones para trabajar. Pídele a Dios que te revele las metas y actitudes que están realmente en tu corazón. Confiesa cualquier motivación pecaminosa y pídele a Dios que te perdone, te sane y te capacite para conseguir motivaciones piadosas.

5. ¿CÓMO DEBO TRATAR CON EL PECADO QUE ENCUENTRO EN MI LUGAR DE TRABAJO?

Tú no puedes erradicarlo ni escaparte de él. "No te maravilles" (Ecl. 5:8), al ver el mal funcionando. Cristo murió para salvar y transformar a los trabajadores, pero hasta que venga de nuevo, las personas y los sistemas seguirán corruptos y el trabajo seguirá siendo vanidad. No te escapes hacia una empresa cristiana, Dios quiere que seas su testigo en medio de un mundo pecador; y las organizaciones cristianas también están compuestas de pecadores. En vez de huir, pide la sabiduría y la compasión que necesitas para vivir en un mundo imperfecto.

Puedes dejar que Cristo te transforme a ti, un trabajador. Tú puedes permitir que Cristo restaure tu relación con Dios, transforme tu carácter en uno que refleje su integridad y su amor y convierta tu forma de trabajar en una que revele que verdaderamente le sirves.

> Esclavos, obedezcan en todo a sus amos terrenales, no solo cuando ellos los estén mirando, como si ustedes quisieran ganarse el favor humano, sino con integridad de corazón y por respeto al Señor. Hagan lo que hagan, trabajen de buena gana, como para el Señor y no como para nadie en este mundo, conscientes de que el Señor los recompensará con la herencia. Ustedes sirven a Cristo el Señor (Col. 3:22-24).

Pablo dirigió estas palabras a personas que realizaban a diario trabajos humildes, a menudo desagradables y que no tenían manera de librarse de los amos crueles. También dirigió palabras a los señores (y otros supervisores):

> Amos, proporcionen a sus esclavos lo que es justo y equitativo, conscientes de que ustedes también tienen un Amo en el cielo (Col. 4:1).

Cristo es tu Jefe. Trabaja para complacerlo y siente su satisfacción cuando lo haces.

"Aborrezcan el mal; aférrense al bien... No te dejes vencer por el mal; al contrario, vence el mal con el bien" (Rom. 12:9, 21). Esto no significa que tenemos que convertirnos en policías morales, señalando las faltas de todos. Más bien, podemos vencer el mal haciendo el mejor trabajo posible, resistiendo la tentación a desesperarnos y de juzgar a los demás, y confiando en que Dios se ocupa de los malhechores.

Dios es soberano. Aunque alguna situación pueda quedar fuera de tu control, nunca estará fuera del control de Dios. Él es todopoderoso y amante; algún día él erradicará el mal del mundo. Hasta entonces, aunque nos sintamos desprotegidos y confundidos por lo que Dios permite, podemos orar. Jesús nos exhorta a orar y a no descorazonarnos (Luc. 18:1-8), sabiendo que Dios tendrá en consideración nuestras oraciones confiadas y persistentes (ver petición e intercesión).

Si en tu empresa hay otros cristianos, pueden intentar reunirse cada semana, no para charlar, sino para orar.

Dios utiliza el mal.

> Hermanos míos, considérense muy dichosos cuando tengan que enfrentarse con diversas pruebas,

El trabajo y el descanso

pues ya saben que la prueba de su fe produce constancia. Y la constancia debe llevar a feliz término la obra, para que sean perfectos e íntegros, sin que les falte nada (Stg. 1:2-4).

Los que sobreviven en la jungla del trabajo, lo consiguen porque permiten que Dios la use para transformarlos.

Si eres llamado para ello, debes actuar sobre lo mal hecho. Debes distinguir entre la participación directa en el mal y la indirecta. Un comerciante no puede evitar venderle a quien haya conseguido su dinero por medio de crímenes o a alguién que hará alguna fechoría con la fuerza conseguida con los alimentos comprados. Pero sí eres responsable de actuar para corregir el mal cuando tu empleo te exija la participación directa en algo que consideras incorrecto. Mentirle a un cliente, defraudar al gobierno, robarle a un proveedor o ignorar las leyes que controlan el negocio, son violaciones a las Escrituras, y debes negarte a hacer tales cosas.

Debes actuar si tu conciencia es violentada. Tómate el tiempo necesario para tomar tus decisiones morales siempre que tu conciencia te dé una señal de alarma. Busca una sólida base en las Escrituras para tu decisión y da los pasos necesarios para evitar el mal y promover el bien.

Debes actuar cuando puedas acabar con o evitar un mal. Puedes tener más influencia de la que piensas. Busca y ora por los aspectos en que puedes hacer la diferencia.

Debes actuar cuando personas inocentes puedan ser afectadas por el mal.

Si te es posible, acude a la fuente. Habla con la persona que parece ser causante del problema. No le cites la Biblia si no es creyente; en su lugar, apela a las categorías generales de moralidad y justicia. Si la causa es una condición y no una persona, acude a quien tenga el poder para hacer algo para eliminar el mal. Sugiérele lo que pudiera hacerse y no adoptes una actitud de condenación; más bien pregunta, muestra los hechos importantes, desafía a las personas a actuar correctamente y, al menos, saca a relucir la cuestión de la integridad.

Entra en la batalla en el sitio donde consideres que puedes ser más efectivo. Utiliza las habilidades, la personalidad, los recursos y las relaciones que Dios te ha dado. Puede que tú mismo no tengas poder suficiente, pero puedes ser la clase de persona a quien las partes en conflicto toman en serio. Quizás seas la única persona con el valor para decir lo que nadie más se atrevería, o para solidarizarse con quien tiene que enfrentar una situación crítica o tomar una decisión difícil.

Busca ganancias justas, limitadas. Puede que no seas capaz de cambiar totalmente la política de una industria, pero sí pudieras serlo para encontrar una alternativa inteligente para tu empresa. Sé creativo en la búsqueda de opciones que sean más éticas y, al mismo tiempo, productivas.

Espera resultados positivos, pero también algunos negativos. Considera el costo, el riesgo pudiera no ser muy grande. Pero si el asunto es verdaderamente importante, arriésgate.

Si fuera necesario, ríndete. Rendirse debe ser la última opción, pues Dios valora la perseverancia. Sin embargo, porque él también valora la integridad, puede ser que tengas que abandonar algún asunto si permanecer en él exige que participes directamente del mal. En ese caso, confía en el cuidado de Dios hacia ti y tu familia, a causa de tu obediencia.

El trabajo y el descanso

6. ¿Cómo debo escoger un trabajo?

Dios te ha dotado con ciertos talentos e intereses (Sal. 139:13,16). La manera como él te ha diseñado da las pistas para saber qué servicio desea él que desarrolles en este mundo. Pasa revista a las cosas que te gusta hacer y de las que haces bien; piensa y ora acerca de cuáles son tus motivaciones para conseguir fines constructivos (el placer de producir algo bien hecho, ver que la justicia prevalezca o ver que las personas cambien para bien).

Sigue los pasos para hacer decisiones correctas. (Ver páginas 129-132.)

No asumas que las vocaciones "espirituales" son más importantes para Dios que los empleos "seculares". Dios se ocupa de toda clase de necesidades. Él ama y valora a las personas que realizan trabajos seculares tanto como a los ocupados profesionalmente en el "ministerio". Si Dios te ha dado la vocación para dedicarte completamente al ministerio, entonces hazlo; si no, no trates de ganar significado para tu persona adoptando una "carrera" espiritual.

Pide sabiduría y busca consejo; entonces, decide. Nada ni nadie va a tomar la decisión por ti. Confía en la dirección de Dios, pero espera alguna incertidumbre sobre si será la "correcta" sobre el trabajo para el cual Dios te ha "llamado". Dios es mayor que nuestros errores.

7. ¿Cómo debo considerar el tiempo libre y el descanso?

La laboriosidad crónica y el aburrimiento aplastante, son ambos señales de que carecemos de la perspectiva de Dios sobre el trabajo y el descanso.

Dios nos da un propósito. Si tu identidad está arraigada en la relación con Dios, entonces no intentes que el trabajo llene tu necesidad de tener un sentido para tu vida.

El aburrimiento te envuelve cuando sientes que lo que estás haciendo carece de objetivo; y la laboriosidad lo hace cuando procuras dar valor a tu vida porque piensas que, a menos que estés produciendo algo, no eres importante.

Dios nos da el descanso. Porque nuestro trabajo es la obra de Dios, y porque él es, en última instancia, responsable de los resultados, él nos da la libertad de dejarlo, confiar en él y disfrutar de los demás aspectos de la vida. La persona que se siente culpable cuando descansa cree, en lo profundo de su ser, (1) que Dios no quiere o no puede suplir sus necesidades y, por lo tanto, (2) debe proveer para sus necesidades principalmente con el trabajo. La única salida para una persona así, es dejar de trabajar para sí (ansiosamente y con temor) y comenzar a trabajar para Dios (confiadamente y en paz). El descanso, la liberación del trabajo, comienza a funcionar cuando dejamos de depender en nuestro trabajo y comenzamos a confiar en Jesús para la satisfacción de nuestras necesidades (Mat. 11:28-30).

Por otra parte, la persona que sobrevive durante la semana de trabajo ansiando la llegada del fin de semana, cree que su trabajo no tiene valor, que el único propósito en su vida es disfrutar los placeres del ocio. Esa persona necesita saber que su trabajo tiene un valor divino. También debe saber que Dios nos concede el descanso para que nos renovemos y podamos cumplir sus propósitos con el trabajo, que no fue dado para solo financiar nuestro tiempo libre (Éxo. 20:9, 10). La recreación es para re-crearnos como personas física, mental y espiritualmente integrales para que podamos servir mejor a Dios.

Dios otorgó a Israel un día de descanso de cada siete. Algunos cristianos ignoran ese principio, saturando los sábados y los domingos de actividades que no han tenido tiempo de realizar durante el resto de la semana. Otros convierten el "día de reposo" en una exigencia legalista, llenando el domingo con actividades de la iglesia, porque piensan que Dios exige un día de cada siete y eso significa un compromiso con la iglesia. Sin embargo, la actitud Neotestamentaria hacia el "día de reposo" parece ser que en un día de cada siete, descansamos de nuestras fatigas para reconocer que, aunque Dios nos ha dado el trabajo, él es el proveedor final para nuestras necesidades. Tiene mucho sentido que debamos dedicar tiempo celebrando y adorando a Dios y disfrutando de todo lo demás que él nos concede.

Cultiva otros intereses y compromisos aparte del trabajo. Cultiva intereses que expresen otros de tus aspectos personales que no se evidencian con tu trabajo. La expresión "mi trabajo es mi afición" refleja lo estrecho de la vida de una persona que intenta conseguir con el trabajo el sentido para su vida. Dios también tiene un propósito para ti en tu relación con él, con tu familia, en el compromiso con otros cristianos en tus responsabilidades hacia tu comunidad y en tu relación con no creyentes. Dedica algún tiempo a orar y pensar seriamente sobre cómo glorificar a Dios en las áreas de tu vida personal, familiar, eclesiástica, comunitaria y laboral. Pero no seas fanático, incluye en ellas el descanso y el entretenimiento.

NOTA

1. El material de este capítulo ha sido adaptado de Doug Sherman y Willian Hendricks, *Your Work Matters to God* (Tu trabajo le interesa a Dios) (Colorado Springs, Colo.: NavPress, 1987).

EL CRISTIANO EN LA SOCIEDAD

¿CUÁLES SON MIS RESPONSABILIDADES EN LA SOCIEDAD SECULAR?
Ora.

> Así que, recomiendo, ante todo, que se hagan plegarias, oraciones, súplicas y acciones de gracias por todos, especialmente por los gobernantes y por todas las autoridades, para que tengamos paz y tranquilidad, y llevemos una vida piadosa y digna (1 Tim. 2:1, 2).

> En las manos del Señor el corazón del rey es como un río: sigue el curso que el Señor le ha trazado (Prov. 21:1).

No importa cuán secular sea un gobierno, Dios lo tiene bajo control. Él permite en ocasiones que dirigentes necios tomen decisiones necias y atraigan juicio sobre sí. Sin embargo, Dios responde las oraciones de los ciudadanos piadosos. Pídele persistentemente que les conceda sabiduría y humildad a los gobernantes; que lo conozcan a él y amen la justicia. Ora también por asuntos políticos concretos.

Sométete a la autoridad legítima. A los cristianos que vivían bajo un régimen pagano autoritario, Pablo les escribió:

> Todos deben someterse a las autoridades públicas, pues no hay autoridad que Dios no haya dispuesto, así que las que existen fueron establecidas por él. Por lo tanto, todo el que se opone a la autoridad se rebela contra lo que Dios ha instituido. Los que así proceden recibirán castigo. Porque los gobernantes no están para infundir terror a los que hacen lo bueno sino a los que hacen lo malo. ¿Quieres librarte del miedo a la autoridad? Haz lo bueno, y tendrás su aprobación...

El cristiano en la sociedad

Por eso mismo pagan ustedes impuestos, pues las autoridades están al servicio de Dios, dedicadas precisamente a gobernar. Paguen a cada uno lo que le corresponda: si deben impuestos, paguen los impuestos; si deben contribuciones, paguen las contribuciones; al que deban respeto, muéstrenle respeto; al que deban honor, ríndanle honor (Rom. 13:1-3, 6-7).

Pon a Dios en primer lugar. Para Pablo y otros cristianos primitivos, someterse a las autoridades representó en muchas ocasiones aceptar el castigo por proclamar el evangelio cuando se les prohibía hacerlo. Ellos rechazaron la rebelión armada, pero no podían obedecer una orden que los obligara a hacer lo que Dios les prohíbía o dejar de hacer lo que él les mandaba (Hech. 4:1-20; 16:16-40). Prefirieron la prisión y la muerte antes que negar a Cristo. Pero sus actitudes respetuosas y su cumplimiento de las leyes, los hicieron testigos creíbles de Cristo cuando fueron arrestados a causa de sus actividades cristianas.

Procura la justicia.

El justo se ocupa de la causa del desvalido; el malvado ni sabe de qué se trata (Prov. 29:7).

La justicia es:

➤ Todos consiguen lo que es su derecho (Job 34:10-12; Rom.13:7).
➤ Conforme a la verdad y a normas coherentes (Lev. 19:35, 36; Isa. 28:17).

Los cristianos deben promover leyes y decisiones legales que den a las personas aquello que merecen y se conformen a las normas bíblicas de justicia. Deben apoyar medidas honestas tales como: salario justo por el trabajo honrado, precios justos, publicidad veraz, castigo o restitución ajustado al delito, juicios imparciales, administración responsable del medio, preocupación por las generaciones futuras, y la protección de la propiedad.

Dios no solo mandó a los israelitas a que actuaran con justicia y obedecieran la ley, también les pidió que ayudaran a los indefensos a obtener justicia. Se mencionan especialmente los extranjeros, los inocentes y los pobres.

Participa. Los cristianos que viven en países democráticos tienen derechos que los primeros cristianos no pudieron ni siquiera imaginar. Podemos votar, hacer solicitudes, protestar, organizarnos, hablar en el consejo de la ciudad y aspirar a cargos públicos. Tales derechos aumentan enormemente nuestra capacidad para promover la justicia. Todos los ciudadanos deben aprender sobre los asuntos políticos y los candidatos y votar siempre que sea posible. Particularmente, puedes marcar la diferencia en las elecciones y decisiones locales, en las que participan pocas personas.

La separación entre la iglesia y el Estado significa que la iglesia organizada no puede integrarse en el gobierno; sin embargo, tus creencias teológicas deben influir en los procesos políticos. Ser la sal y la luz del mundo (Mat. 5:13-16), significa influir en la sociedad con la verdad de Dios.

Respeta a los que opinan de otra manera. En general, los cristianos están de acuerdo en cuanto a las metas políticas (reducir la pobreza y el crimen, preservar la tierra de la destrucción, evitar la guerra y la opresión, estimular la prosperidad económica, etc.), pero difieren en los métodos para conseguirlas. Cuando no estés de acuerdo con alguien (cristiano o no) sobre política, asume que el otro tiene buenos motivos a menos que pruebes lo contrario. Preséntales las normas bíblicas, escúchalos, ámalos y, si puedes, ora con ellos.

ÍNDICE

Acción de gracias, 28-29, 80, 125, 197, 224
Actitudes
    en el estudio de la Biblia, 79
    cambiar las, 33, 35, 100
    y la fe, 94
    sobre la ofrenda, 195-203
    de humildad, 74-75, 120, 131, 146, 155, 159
    en el matrimonio, 172
    en la oración, 36-40, 131
    apropiadas, 59, 141, 149
    en el momento de quietud, 50
Adoración, 28-31
    Dios digno de, 23
    en la comunidad cristiana, 93-117, 120-121, 125-126, 132, 151, 222
    en la Biblia, 64, 66-67, 70
Alabanza
    en el estudio de la Biblia, 79-80
    con los niños, 187
    en comunión, 117, 125
    en el ofrendar, 197
    en el Antiguo Testamento, 67
    en la oración, 28-33, 45-46
    en el momento de quietud, 52-53
    en el sufrimiento, 149, 151
Amistades (ver Relaciones humanas), 109-112, 156-160, 170, 186
Amor
    como el de Cristo,
        al ofrendar, 194-195, 198
        de Dios, 24, 56-57, 89, 156-157
        en las relaciones humanas, 20, 41, 105-106, 116-117, 124, 140, 142-143, 153
        en las Escrituras, 40, 72, 105, 116, 118-119, 153, 198
    romántico, 146, 175

Antiguo Pacto (ver pacto, viejo)
Antiguo Testamento (ver Escrituras)
    contenido del, 63-69
    profecías del, 61, 67-69
    doctrinas del, 92, 191-193, 196-198
Arrepentimiento (ver perdón)
    naturaleza del, 35, 96, 100, 142, 145
    del no cristiano, 94, 107
    en el Antiguo Testamento, 68
    pasos hacia el, 33, 167
Autoridad
    de la Biblia, 21, 73-74, 120-121, 129-130, 132, 137, 146
    de Cristo, 39, 73

Bautismo
    del Espíritu, 22
    en agua, 92-93, 121
Biblia (ver Nuevo Testamento, Antiguo Testamento y Escrituras)
    autoridad de la, 21, 73-74, 120-121, 129-130, 137, 146
    lectura devocional de la, 50-53, 80-81
    dirección en la, 76, 99
    promesas en la, 43-44, 77, 79, 84-85

Caída del hombre (ver naturaleza pecaminosa)
Carne (ver naturaleza pecaminosa), 21, 84, 91, 104, 131
Cielo, 18, 23-24, 55, 141, 196, 201
Citas románticas (ver relaciones humanas), 161-162
Comunidad cristiana (ver comunión de los cristianos)
Comunión con Dios (ver relación con Dios)
Comunión de los cristianos (ver Relaciones humanas con cristianos), 93, 104, 114-116
    confesión en, 119, 124-125, 158
    propósito de la, 57, 116-118, 149, 161
    en un grupo pequeño, 120-121, 124-126, 177
    apoyo de la, 191, 194-195, 209
Conciencia, 138-139, 145, 159-160, 174, 219
Concordancia, 76, 80
Confesión
    de los niños, 187
    en comunión, 57, 119, 124-125, 158

Índice temático

    y perdón, 96, 104, 145
    de la culpa, 33
    en oración, 27, 33-35, 44-45, 48
    pública del evangelio, 45, 197
    del pecado, 79, 97, 167, 217
Confianza (ver depender de Dios), 59, 157
Conversión (ver salvación), 93, 101, 108-109
Corazón
    limpieza del, 52, 167, 199
    corrupción del, 47, 61, 83
    en el evangelismo, 108, 110
    para Dios, 29, 43-44, 181
    abrir el, 41, 45, 132, 135, 158
    en la oración, 41
    en las Escrituras, 34, 43-44, 46, 82, 128, 195-196
    pecados del, 164
Corrupción del corazón (ver naturaleza pecaminosa), 47, 61, 83
Cristo Jesús (ver Dios e Hijo de Dios)
    autoridad de, 39, 73
    llegar a ser como, 9-10, 25, 79, 94-95, 116, 130, 140, 147, 149, 191
    cuerpo de, 18-20, 92-93, 140, 170-171
    y la Iglesia, 170-171
    crucifixión de, 37-38, 61, 82, 92-94, 96, 120, 145
    vida eterna con, 57, 97
    fe en, 20, 91, 99-101
    dones de, 39, 61, 92, 95-99, 101, 119, 145, 165
    humildad de, 16
    identidad de, 16-17, 61, 90, 98, 104, 120
    como intercesor, 40-41, 48, 61
    señorío de, 61, 95, 104
    en el matrimonio, 172-175
    como Mesías, 66-70
    nombres de, 17
    en el Nuevo Testamento, 70-72
    en el Antiguo Testamento, 63-66, 68-69
    nuestra relación con, 22, 43, 61, 88, 91, 101, 108-109, 115, 160
    parábolas de, 38, 108-109, 190
    la relación con Dios Padre, 23, 61, 120, 157, 173

resurrección de, 17, 61, 70, 74, 120
regreso de, 61, 98, 101
sumisión de, 37-38
sumisión a, 62, 96, 109
sufrimiento de, 15, 17, 23, 56, 96
unión con, 22, 92-93, 102-103, 149, 192
Cristianos, comunión de los (ver comunión de los cristianos)
Crucifixión de Cristo (ver resurrección de Cristo), 37-38, 61, 82, 92-94, 96, 120, 145
Cuerpo de Cristo
   y la iglesia, 92-93, 170-171
   influencia del, 135, 140
   y el matrimonio, 170-171
   y los dones espirituales, 18-20, 114, 124
   unión con Cristo, 18, 102-103, 115-116
Culpa (ver conciencia y perdón)
   que Jesús llevó, 61, 92
   en los niños, 182
   confesión de la, 33
   tratar con la, 145-146
   excesiva, 35, 57, 167

Decisiones (ver también discernimiento)
   discernimiento en las, 127-136
   en la familia, 172-174, 184
   en comunión, 124
   libertad en las, 23, 95, 128, 138-139, 190
   por Dios, 34-35, 94-95
   morales, 137-143, 219
Depender de Dios
   en la vida diaria, 58-59, 94, 102, 116
   en el fracaso, 82
   en la ofrenda, 198, 202
   en el sufrimiento, 148-149
Descanso (ver trabajo), 65, 221-222
Deseos (ver también necesidades), 55-56, 151
Devocionales (ver estudio de la Biblia), 50-54, 76, 80-81, 185-187
Diablo (ver Satanás)
Dinero (ver riquezas), 189-190, 203-204, 206

Índice temático

ofrenda, 71, 191-210
en las Escrituras, 202-204, 206
Dios (ver Cristo Jesús, Padre, Espíritu Santo y Trinidad)
   ira de, 13, 15
   atributos de, 14-15, 23
   carácter de, 13-16, 80, 95, 134, 150, 195, 200
   depender de, 58-59, 82, 94, 102, 116, 148-149, 198, 202
   fe en, 36-37, 42, 201-202
   gloria de, 23-24, 57, 89, 127, 176, 213
   gracia de, 70, 96
   dirección de, 24-25, 129-132
   corazón para, 29, 43-44, 151, 181
   santidad de, 15-16, 102
   esperanza en, 38, 46-47, 216
   imagen de, 82, 87-89, 211, 213
   juicio de, 61, 68-69, 92, 142
   reino de, 18, 61, 68, 90-93, 98, 101, 115, 117, 130, 175, 201-202
   amor de, 24, 56-57, 75, 89, 156-157
   nombres de, 13-14
   poder de, 14-15, 20, 22, 29, 42, 53, 64, 70, 75, 101
   promesas de, 37, 56, 65-66, 84-85, 100-101, 131, 196-197
   disposición a perdonar de, 68, 89, 104
   Hijo de, 16-17, 23, 61, 98, 104, 156
   soberanía de, 14-15, 19, 41, 68, 93, 131, 215, 218
   Espíritu de, 14, 17-18, 22, 41, 45, 70, 107-108, 110, 115, 165
   voluntad de, 15, 27-28, 37, 39, 41, 46-47, 102, 127-134
   sabiduría de, 15, 41, 128, 130
Dirección (ver también discernimiento)
   de la Biblia, 76, 99
   de los demás cristianos, 21, 135
   de Dios, 25, 129-132
   en la oración, 52-53, 128
Discernimiento (ver también voluntad de Dios), 84-85, 117-118, 121, 127-136, 152
Discípulo, 9-10, 107, 116, 127, 215-216
Discípulos, los doce, 201
Divorcio, 177-178
Dones

falsos, 21
espirituales, 18-21, 70, 114, 117, 124
Duda (ver también fe), 95, 149, 152, 186

Efectos del pecado (ver pecado, efectos del)
Emociones
en los niños, 181, 186
tratar las, 144-146
disciplina de las, 132-133
expresión de las, 44-45, 149-150, 158, 162
mujer *versus* hombre, 168-169
del amor, 153
en la oración, 27-28, 31-32, 34-35, 45, 47, 173
y el arrepentimiento, 100
en las Escrituras, 31, 44-45, 67
poca confiabilidad de las, 32, 129-130, 150-151, 154
Empleos (ver trabajo)
Escrituras (ver Biblia y Palabra de Dios)
autoridad de las, 74, 130
fe en las, 66, 69-71
Dios habla por las, 39, 47, 51
interpretación de las, 85
estudio de las, 44, 76-80, 132
Esperanza
en la Biblia, 69, 72
en la vida eterna, 94
en Dios, 38, 46-47, 216
en las relaciones humanas, 110, 153, 193
Espíritu Santo
bautismo del, 22
en la Biblia, 68, 70
plenitud del, 21-22, 43
frutos del, 18, 47, 58, 116, 137
dones del, 18-21, 70, 114, 117, 124
poder del, 16-17, 93
en la Trinidad, 14, 90
obra del, 17-18, 48, 79-80, 93, 156
Espiritual (es)
bautismo, 22

Índice temático

muerte, 61, 63, 93-95
fruto, 18, 47, 58, 116, 137
dones, 18-21, 70, 114, 117, 124
éxitos, 32, 58
guerra, 71, 89-91, 98, 141, 148
Estar quieto delante de Dios, 44, 52, 133
Estudio de la Biblia
aplicación, 79, 81-84
actitudes en el, 79
con los niños, 185-188
disciplina en el, 132
en comunión, 124-126, 158
directrices, 74-76
ingredientes del, 76-80
interpretación, 77-78, 85
con no cristianos, 111-112, 114
y la oración, 79, 83
razones para el, 10, 27, 39, 48, 73
recursos para el, 79-80
Ética, 216, 220
Evangelio, 61-62, 99
aceptación del, 99, 197
confesión pública del, 45, 197
extensión del, 110-111, 116-117, 148, 194-195
Evangelización (ver también Evangelio), 99, 107-114, 212, 215
Éxito (ver también riquezas)
espiritual, 32, 58
mundano, 83, 205
Expiación, 61, 92, 95, 97, 120

Fe (ver también confianza)
y las actitudes, 94
en Cristo, 20, 91, 99-101
en una iglesia, 120-121
demostración de la, 148
libertad de la, 96, 98, 107
en Dios, 36-37, 42, 201-202
pérdida de la, 165
en las Escrituras, 66, 69-71
fortalecer la, 29, 32, 47-48, 55, 147, 218

Fruto del Espíritu, 18, 47, 58, 116, 137

Gracia
    de Dios, 70, 96
    hacia otros, 110, 148, 180, 195-196
Grupo pequeño (ver también comunión), 120-121, 124-126, 177
Guerra espiritual (ver espiritual, guerra)

Hijo de Dios (ver Cristo)16-17, 23, 61, 98, 100, 104, 156
    seguridad de ser un, 18, 72, 89, 100, 104-106
    en comunión, 115-116
    relación con Dios, 18, 27-28, 36, 41, 65, 71
Hombre, caída del (ver caída del hombre)
Humildad
    actitud de, 74-75, 120, 131, 145-146, 155, 159
    ante Dios, 56, 65
    en la Biblia, 67, 71, 95
    de Jesús, 16

Imagen de Dios, 82, 87-89, 211, 213
Infierno (ver también juicio), 22-24
Inmoralidad (ver pecado)
Intercesión (ver también oración)
    de Cristo, 40-41, 48, 61
    por otros, 36, 40-43, 52, 68
Interpretación en el estudio bíblico, 77-78, 85
Ira
    tratar con la, 44, 83-84, 146, 154
    de Dios, 13, 15
    en las relaciones, 134, 144-145, 153, 156, 171, 181-182
    hacia Dios, 150

Jesús (ver Cristo)
Juicio, 61, 68-69, 97-98, 101, 147, 224-225
Justicia (ver también santidad), 64, 100-101, 146, 224-226
Justificación, 100-101

La gloria de Dios, 23-24, 57, 89, 127, 176, 213

Índice temático

La Iglesia (ver cuerpo de Cristo)
    primitiva, 70
    local, 20, 120-123, 140, 222, 226
    universal, 20, 71, 85, 92-93, 96, 170-171

La ofrenda
    del perdón, 83, 116, 119, 142, 146, 150, 154-155, 179
    en amor, 192, 194-195, 198
    de dinero, 191-210
    alabanza en, 197

La semejanza de Cristo, 9-10, 25, 79, 94-95, 116, 130, 140, 147, 149, 191

Ley, 63-64, 95-96, 99, 174, 198-199, 225

Libertad
    para escoger, 14-15, 23, 95, 128, 138-139, 190
    de la muerte, 94-96
    de la fe, 96, 98, 107
    del trabajo, 221-222

Limpieza del corazón (ver también perdón), 52, 167, 199

Los hijos en las relaciones humanas
    estudio bíblico con, 185-188
    confesión por, 187
    emociones de, 181, 186
    paternidad de, 65, 179-188
    la culpa en, 182
    provisión para, 192-193, 214
    educar, 179-188

Lujuria (ver pecado), 55, 138, 162, 164, 166-167

Matrimonio, 67, 70, 164-166, 170-178

Meditación cristiana, 43-47, 81, 186-187

Mesías (ver Cristo)

Muerte
    con Cristo, 94
    liberación de la, 94-96
    de Jesús, 23, 37-38, 61, 92, 145, 157
    vida después de la, 97
    física, 24, 72, 92-94, 123, 147
    redención de la, 88, 95-97, 101, 141, 156
    espiritual, 61, 63, 93-95

Nacer de nuevo (ver salvación), 16, 18, 62, 97-98, 100, 104-106, 114
 y el bautismo, 92-93
 y la conversión, 93
Naturaleza pecaminosa (ver caída del hombre y carne), 21, 82, 92, 216
Necesidades
 y deseos, 55-56, 151
 Dios suple para, 24-25, 153-154, 156, 196, 198, 202, 221-222
 de los demás, 41, 155, 191-193, 197, 199-200
No cristianos
 estudiar la Biblia con, 111-112, 114
 evangelización de los, 99, 107-114
 relación con los, 112, 114, 138, 159, 161, 171-172, 177, 219, 222-223
Nombres
 de Cristo, 17
 de Dios, 13-14
Nuevo nacimiento
Nuevo pacto (ver pacto, nuevo)
Nuevo Testamento (ver Biblia)
 contenido de, 70-72
 doctrinas del, 18, 116, 190-194, 222

Oración (ver alabanza y acción de gracias), 27-49
 actitudes en la, 36-40, 131
 en el estudio de la Biblia, 79, 83
 confesión en la, 27, 33-35, 44-45, 48
 emociones en la, 27-28, 31-32, 34-35, 45, 47, 173
 en comunión, 57, 117, 124-125, 158, 173, 218
 dirección en la, 52-53, 128
 por otros, 40-41, 110, 112, 124, 224
 perseverancia en la, 22, 59, 218
 en el momento de quietud, 50-53
 en el sufrimiento, 149, 151

Pacto
 nuevo, 63-64, 68, 93, 99
 viejo, 13, 63-64, 66-67, 93, 99, 101, 205
 y la justicia, 100-101

Índice temático

Padre, Dios (ver también Dios)
    conocimiento del, 16, 83-84, 94
    reconciliación con el, 92
    relación con Jesús, 23, 61, 120, 157, 173
    relación con la humanidad, 27-28, 38-40, 89, 100, 105, 116, 118
    en la Trinidad, 18, 43, 90, 120
Palabra de Dios (ver Biblia y Escrituras), 32, 43-44, 51-52
    autoridad de la, 129-130, 132, 146
Parábolas de Cristo, 38, 108-109, 190
Paternidad humana, 65, 179-188
Paz, 34, 43, 47, 83, 139, 182
Pecado, 102-103
    evitar el, 43-44, 89, 105, 146
    conciencia de, 83, 99, 138
    en la Biblia, 63-65, 67-68, 70
    confesión del, 33-35, 79, 97, 104, 119, 158, 167, 217
    tratar con el de otros, 141-143, 217-220
    efectos del, 54, 92-93, 97, 176, 215-216
    perdón del, 104, 154, 167-168
    juicio por el, 101, 147
    lujuria, 55, 138, 162, 164, 166-167
    redención del, 61, 92, 94-96, 101, 104
    sexual, 163-164, 167
    tentación al, 55-57, 63, 84, 139, 164, 167
Pecaminosa naturaleza (ver naturaleza pecaminosa)
Perdón (ver confesión y arrepentimiento)
    aceptación del, 57, 97, 145, 154, 167-168
    pedir, 33, 35
    y confesión, 96, 104, 145
    otorgar, 83, 116, 119, 142, 146, 150, 154-155, 179
    Disposición de Dios al, 68, 89, 104
    del pecado, 104, 154, 167-168
Poder
    de Dios, 14-15, 20, 22, 29, 42, 53, 64, 70, 75, 101
    del Espíritu Santo, 16-17, 93
    sobre Satanás, 90-91
Posesiones (ver también dinero), 115, 189-192, 202-204
Predestinación (ver también libertad para escoger, gracia y soberanía de Dios), 99

Profecías, 21, 61, 67-69, 73-74, 78
Profetas
    bíblicos, 21, 65-69, 74, 98, 127
    falsos, 106
Promesas
    bíblicas, 43-44, 77, 79, 84-85
    de Dios, 37, 56, 65-66, 84-85, 100-101, 131, 196-197
Pruebas (ver sufrimiento y tentación), 31, 55, 57, 71, 218

Quietud ante Dios, 44, 52, 133

Redención, redimir 40, 63, 88-89, 92, 165
Regeneración (ver también nacer de nuevo), 100
Reino de Dios, 18, 61, 68, 90-93, 98, 101, 115, 117, 130, 175, 201-202
Relación con Dios
    como hijos, 18, 27-28, 36, 41, 65, 71
    de la humanidad, 27-28, 38-40, 89, 100, 105, 116, 118
    naturaleza de la, 22-23, 33, 36, 38, 63, 94-95, 222
    restauración de la, 33-34, 39, 64, 92, 217
Relaciones humanas, 153-155
    la ira en las, 134, 144-145, 153, 156, 171, 181-182
    con cristianos, 72, 115-116, 138-139, 222-223
    el amor como el de Cristo en las, 20, 41, 105-106, 116-117, 124, 140, 142-143, 153
    amistades, 110-111, 156-160, 170, 186
    esperanza en las, 110, 153, 193
    naturaleza de las, 20, 58, 67, 144, 156-157, 222-223
    con los no cristianos, 112, 114, 138, 159, 161, 171-172, 177, 219, 222-223
    el amor romántico en las, 146, 175
    sexuales, 67, 163, 165-166, 168-169
Responsabilidades, 87, 89, 99, 162, 173, 192, 222-226
Resurrección de Cristo, 17, 61, 70, 74, 120
Riquezas (ver también Dinero y Posesiones), 204-206, 214, 216

Sabiduría (ver discernimiento)
    de Dios, 15, 41, 128, 130

Índice temático

humana, 117-118, 130-134, 147
en el Antiguo Testamento, 67
Salvación (ver conversión y nacer de nuevo), 58, 101, 104-106, 150
Santidad (ver justicia)
en la Biblia, 64-65, 70
de Dios, 15-16, 102
en la vida, 99, 164
procurar la, 102, 123
restauración a la, 89, 100
Santificación, 101-102
Santo, Espíritu (ver Espíritu Santo)
Satanás, diablo
engaño de, 98, 107, 148
la soberanía de Dios sobre, 15, 17
tácticas de, 21, 33, 52, 55, 105-106, 117-118, 131-132, 145
guerra contra, 71, 89-91, 141, 148
Seguridad de salvación, 18, 91, 101, 104-106, 150
Sentimientos (ver emociones)
Señorío de Cristo (ver autoridad de Cristo), 61, 95, 104
Sexo (ver matrimonio y relaciones humanas), 145, 163-169
Soberanía de Dios (ver voluntad de Dios), 14, 15, 19, 41, 68, 93, 131, 215, 218
Sociedad, responsabilidades en la, 224-226
Socios
en la obra de Dios, 24-25, 115, 195-196, 211
en el matrimonio, 170, 174-175, 178
Soltería (ver también relaciones), 174
Sufrimiento, sufrir (ver también esperanza), 147-152
dependiendo de Dios en el, 148-149
humano, 25, 116, 146, 176
de Jesús, 15, 17, 23, 56, 96
en el Antiguo Testamento, 67
oración en el, 149, 151
Sumisión
de Jesús, 37-38
a Jesús, 62, 96, 108-109
a otros, 119, 170-171, 173-175, 225

Tentación (ver también pecado), 55-57, 63, 84, 139, 164, 167
Testimonio (ver Evangelización)
Tiempo de quietud (ver también devocionales), 50-54, 187
Trabajo, 211, 223
    visión cristiana del, 29, 89-90
    liberación del, 221-222
    del Espíritu Santo, 17-18, 48, 79-80, 93, 156
    humano, 189-190, 193
    salvador de Jesús, 61, 120
    del reino, 117
Trinidad (ver también Padre, Dios, Espíritu Santo e Hijo de Dios), 14-15, 17-18, 90, 120

Vida eterna (ver también salvación), 57, 94, 97
Visión del mundo, 87-91
Voluntad de Dios, 15, 27-28, 37, 39, 41, 46-47, 102, 127-134

GUÍA de BOLSILLO para la VIDA CRISTIANA

**Compilado por
K. C. Hinckley**

Traducido por
Sidney Orret

Editorial Mundo Hispano

EDITORIAL MUNDO HISPANO

Apartado Postal 4256, El Paso, TX 79914, EE. UU. de A.
www.editorialmh.org

Guía de bolsillo para la vida cristiana. © Copyright 2000, Editorial Mundo Hispano, 7000 Alabama St., El Paso, Texas 79904, Estados Unidos de América. Traducido y publicado con permiso. Todos los derechos reservados. Prohibida su reproducción o transmisión total o parcial, por cualquier medio, sin el permiso escrito de los publicadores.

Publicado originalmente en inglés por NavPress, Colorado Springs, Colorado, bajo el título *A Compact Guide to the Christian Life.*

Si no hay otra indicación, todas las citas bíblicas están tomadas de la Santa Biblia, *Nueva Versión Internacional.* © 1999 por la Sociedad Bíblica Internacional.

Diseño de la cubierta: Helen Reade-Curl

Ediciones: 2000, 2004
Tercera edición: 2005

Clasificación Decimal Dewey: 248.25
Tema: Desarrollo de la vida cristiana

ISBN: 0-311-46172-7
E.M.H. Art. Núm. 46172

1.5 M 8 05

Impreso en Colombia
Printed in Colombia